第三帝国

# 征服巴尔干

美国时代生活编辑部 / 编

李 莉　李 含 / 译

修订本

海南出版社

·海口·

# 目　录



## 附　文

# 致读者

首先应当承认，本书的策划并非出自我本人的想法。

事实上，当一小批时代生活图书公司的编辑和作者开始极力主张推出这样一个系列的时候，我的第一反应是："有关第三帝国的话题难道还能有什么新意吗？"

可是，当前往柏林、华盛顿和莫斯科的采访人员逐步发回他们的稿件——私人珍藏的回忆录和相册堆满了我的办公桌——目击者的记录和官方秘藏的文件被一一发掘出来之后，我觉得我的疑问已经找到了最好的答案。

我们正在接近一项重大的成果：对纳粹统治下的德国的一个全新的认识——从第三帝国的内部来解剖它。

本系列共有21本。每一本都向您展示了第一手的私人记录、从未发表过的照片、亲历者的回忆录和新解密的官方档案。它们恰如一幅徐徐展开的巨型画卷，将您带回那腥风血雨的黑暗时代，让您仿佛置身于喧嚣狂热的柏林、遍地瓦砾的华沙、燃烧的斯大林格勒、沙尘滚滚的北非，恍如走进了令人不寒而栗的集中营、党卫队的秘密会议室、希特勒的办公室、他的书房和卧室，甚至把握到他的思想动态。每一本都有一个中心主题，整个系列连起来则构成了迄今为止最完整、最细致的"第三帝国史"。

这就是我们所做的工作，让真实的历史说话。

时代生活编辑部主编乔·沃尔

# 1. 战前部署

希特勒是在从波伦亚到佛罗伦萨的火车上得知意大利军队已经入侵希腊的消息的。这个消息在他的幕僚中引起了激烈的争论。人们情绪高涨，就像车窗外冰雪覆盖的高山一样。尽管如此，两个小时之后，希特勒已经能够十分镇静地面对迎接他的墨索里尼。墨索里尼一见面就大声地对他宣布："元首，我们在前进！战无不胜的意大利军队已在今晨越过希腊边境！"

这一天是 1940 年 10 月 28 日。那是个寒冷的早晨，在佛罗伦萨装饰华丽的站台上，希特勒向他的盟友祝贺他勇敢的冒险。实际上在此之前，希特勒刚刚在与他的幕僚的谈话中，还说这次入侵"鲁莽且为时过早"。但希特勒没有向他的盟友显示出丝毫的疑虑。希特勒相信墨索里尼可能不仅面临着失败的危险——因为希腊人将竭力抵抗——而且他还威胁到德国在巴尔干半岛费尽心力建立起来的微妙的权力平衡。希特勒认为，英国一定会支援希腊，其他的巴尔干国家也会卷入战争。如果真是这样，他将不得不向巴尔干地区派出德国军队，而这正是他试图避免的。这当然并不是出于希特勒对巴尔干地区人民的关心。希特勒称他在巴尔干地区的盟友们为

1940 年 10 月 28 日，在佛罗伦萨韦基奥宫的阳台上，希特勒面无表情地站在满面笑容的墨索里尼身旁。意大利早晨攻入希腊的消息让希特勒很生气，因为他一直谨慎地避免卷入巴尔干地区。但是他掩藏起自己的怒气，因为他不想与墨索里尼关系破裂。正如他的助手指出的那样，希特勒尽力掩盖起"令他咬牙切齿的愤怒"。

“垃圾”。但希特勒知道，如果没有他们的暗中帮助，至少是中立的保证，他野心勃勃的扩张计划是注定要失败的。不论他是否愿意，他都将不可避免地卷入这个复杂的、战争一触即发的地区。德国19世纪的政治家奥托·冯·俾斯麦曾警告：“千万不要卷入这个多事之地。”

实际上，这个多山的，包括罗马尼亚、保加利亚、南斯拉夫、阿尔巴尼亚、希腊和一小部分土耳其在内的巴尔干半岛历来是兵家必争之地。它是东西方的桥梁及缓冲区，拥有重要的战略地位。除此之外，在它荒凉的地表之下蕴藏着丰富的石油、铬合金、锰、铜等矿藏，可以用来制造武器。20世纪初期，就是在这个地区燃起了第一次世界大战的战火。如今，它又一次面临着严峻的战争考验。

巴尔干地区的危机使希特勒征服欧洲的进程受到严重的阻碍。德国国防军在3次闪电战中击败了六国联军，使希特勒的帝国延伸到东起华沙，西至法国布雷斯特，南起阿尔卑斯山，北到北极圈附近。但是现在他面临着一个重要的战略问题。像以前一样，帝国被潜在的对手包围着。在帝国的西面，虽然法国已战败，但英国还顽强地抵抗着。而且在英国的背后还有美国强大军事力量的威胁。在帝国的东面，苏联集结了完全可与德国抗衡的军队，其中的军事指挥官全是精锐。德国将在东线和西线同时作战的可能性一直困扰着德国的最高指挥官们。

## 易变的巴尔干

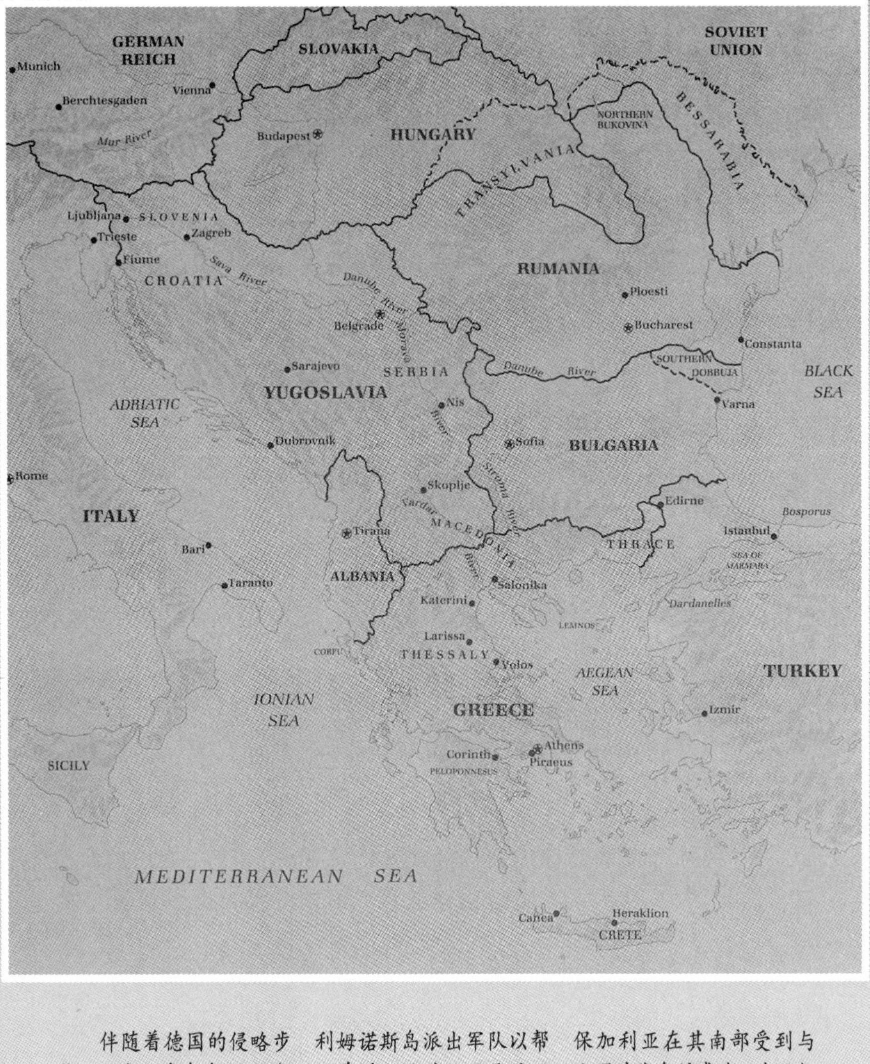


伴随着德国的侵略步伐，巴尔干半岛在1940年底成了一个易燃的火药库。意大利在此前一年已占领了阿尔巴尼亚，并准备将其作为进攻希腊的踏板。英国向希腊的克里特岛和利姆诺斯岛派出军队以帮助希腊。同时，罗马尼亚因为已将比萨拉比亚和北布科维纳割让给苏联，将北特兰西瓦尼亚割让给匈牙利，将南多布罗加割让给保加利亚而深受打击。保加利亚在其南部受到与土耳其战争的威胁。介于轴心国与希腊之间，南斯拉夫处于更危险的境地。南斯拉夫遭受着外交上的沉重压力，在其国内，种族关系紧张，甚至演变成叛乱。

希特勒曾希望在法国于1940年6月有条件的投降之后迅速入侵英国本土。事实上，他曾签署了一个代号为“海狮行动”的入侵英国的命令。但左右权衡之后，他很快又发布了第二个命令，即暂时不派军队进攻英国本土，而是先让德国空军频繁轰炸英国，先取得制空权上的胜利，然后再采取第二步行动。同时，希特勒的一些高级顾问建议采用另一计划来代替“海狮行动”，即发起一场从地中海、北非的邻近地区及中东包围英国的战役。在这个所谓的“外围战役”中，第一步是意大利军队先要控制苏伊士运河，第二步是德国军队要占领直布罗陀海峡。

希特勒似乎对此感兴趣，但他下一个真正的战略目标是苏联。1940年7月31日，他对他的将军们说：“我们必须一举击溃苏联。”在1940年已经不能对苏联采取军事行动了，因为在冬天到来之前，不可能集结起足够的军队进攻苏联。希特勒将这次代号为“巴巴罗萨”的行动定在1941年春天。他就自己的决定向将军们做了一些解释，但真正的原因是他惧怕苏联日益壮大。他早就认为德国与苏联的冲突是不可避免的。希特勒在自己早年所著的《我的奋斗》一书中，就试图唤起人们古代德意志帝国征服东方的梦想。要想将梦想变为现实，就要迅速击败苏联，否则苏联将会反击。

作为一个狡猾的赌博家，希特勒通过继续进行它的其他战略计划来掩盖他将进攻苏联的真实目的。在9

月中旬，他终止了“海狮行动”计划，因为纳粹空军在摧毁英国皇家空军力量的行动中已经失败了。但希特勒不排除将来还要进攻英国的可能性，至少这可以掩盖“巴巴罗萨”行动。于是，希特勒命令继续轰炸英国城市，并着手为进攻苏伊士运河和直布罗陀海峡做准备。然而，他对巴尔干地区更加关注。毕竟，一旦他发动对苏联的战争，这个地区将成为进攻苏联的侧翼基地。这个地区将为德国的入侵行动提供源源不断的能源和材料。希特勒还没有打算立刻侵占巴尔干地区，但是这一地区必须为第三帝国提供稳妥的保证与响应。

希特勒在其执政初期，就已着手加强与巴尔干国家的联系，他一直致力于对这个他称之为“欧洲的东部防线”的地区的经济控制。这样做，符合德国长期以来把巴尔干地区作为其领土扩张的原材料和能源基地的政策。如果说希特勒比他的前任更加看重这一点的话，那是因为他决心让德国即使在战时封锁的时候也能够拥有自己的海外能源基地。

希特勒让他狡黠的帝国经济部长沙赫特来帮助他实现这一目的。沙赫特所面临的是一项艰巨的任务。因为德国的快速军备扩充几乎没有给他留下什么硬通货来购买帝国垂涎的原材料。沙赫特依靠暗示性的恫吓、空头的允诺及足智多谋的诡计，从 1934 年就开始通过对巴尔干地区国家的出口产品提供高于世界市场价格的方法来拉拢他们。但是德国的付款时间经常拖得很长，而且巴尔干国家经常被要求必须用这些钱来购买德国的产品。这样，大量德国过时的武器就流向巴尔干地区，而第三帝国的战争制造者得到了装备其国防军急需的原材料。另外，沙赫特通过向巴尔干国家提供长期的投资以促进其工业发展的方法来消除德国的债务。但是他坚持这些工厂的产品必须卖给德国。巴尔干地区的工人们发现自己在辛勤地为第三帝国工作着，巴尔干地区经济日益成为德国的附庸。巴尔干地区国家的领导人有时会对德国的经济压迫感到愤怒，但他们无处寻求帮助，因为他们对同苏联的关系都持着谨慎态度。法国和英国也没有提供什么有益的建议。因此，最终德国牢牢掌握了巴尔干地区的经济命脉。

1936 年，德国驻匈牙利大使（左）和匈牙利国家银行行长在布达佩斯机场迎接帝国银行行长沙赫特。沙赫特的贸易政策成功地增强了希特勒对匈牙利及其巴尔干邻国的控制。

由于普洛耶什蒂蕴藏着丰富的石油，罗马尼亚成了帝国在巴尔干地区最急于控制的国家。虽然德国从煤当中合成的石油在 20 世纪 30 年代末期已达每年 300 万吨，但在战争时期，帝国每年大约需要 4 倍于此的石油。如果帝国能够控制年产量为 700 万吨的普洛耶什蒂

照片摄于1937年。在指挥官身后，停靠的是德国制造的武装车辆，车上是身穿白色军服的保加利亚士兵。像其他巴尔干国家一样，保加利亚向德国出口原材料，而从德国进口过时的武器装备。这种交换方式促进了德国的武器改良计划，同时也加强了保加利亚对德国军事上的依赖。

油田，将大大弥补帝国石油需求的空缺。1939年，罗马尼亚同意将大部分的石油出口给德国，这令英国大失所望。因为英国也垂涎罗马尼亚的石油，但他们却让德国捷足先登了。1940年7月，在德国的操纵下，罗马尼亚将英国在普洛耶什蒂油田的技术人员驱逐出来，这一行动似乎证实了同盟国的观点，即希特勒已把罗马尼亚变成了他的一个诸侯国。

1940年夏天，巴尔干半岛的其他国家也感受到了来自轴心国日益加强的压力。实际上，意大利军队已经于1939年4月占领了巴尔干的小国阿尔巴尼亚，因为墨索里尼不想在扩张领土上落后于他的轴心国战友。南斯拉夫和保加利亚曾想保持中立，但它们在经济上已成为德国的附庸，并且畏惧希特勒的武力。只有希腊，距白雪覆盖的德国油罐车装满了罗马尼亚普洛耶什蒂油田的石油。英国的海上交通封锁使得占有普洛耶什蒂油田成为对德国来说最为重要的一件事。希特勒曾对意大利外交部部长说:“我必须不惜一切代价确保来自罗马尼亚的石油供给，以使战争进行下去。”

离德国最远，似乎试图反抗轴心国，而且加强了与英国的联系。希腊的这一姿态理所当然地使其成为墨索里尼的下一个进攻目标。

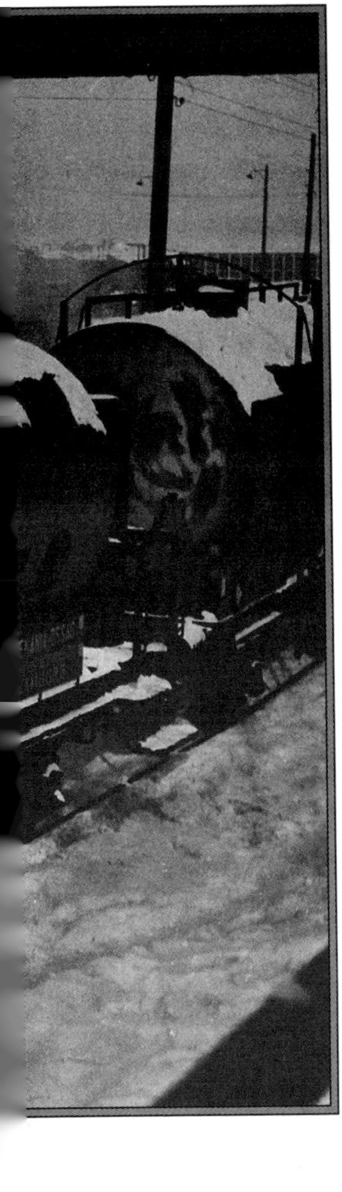

如果巴尔干国家能够团结一致，也许能够更好地抵御德国的侵略。然而巴尔干国家既畏惧外来强权国家的侵略，又相互猜忌。第一次世界大战结束时，欧洲各国的版图被重新划定，那时在巴尔干就形成了两个敌对的国家阵营。属于战胜国一方的有罗马尼亚、希腊和年轻的南斯拉夫，这 3 个国家从战败国匈牙利和保加利亚那里都得到了部分领土。战胜一方想保卫既得利益，战败一方想重新收复失地，这在很大程度上是造成巴尔干地区政治紧张局势的原因。德国在第二次世界大战中的外交政策在某种程度上促进了巴尔干国家这种两败俱伤的对抗，阻止了巴尔干联合阵线的形成，并最终将巴尔干推入战争的旋涡。

希特勒毕竟还是希望避免在巴尔干半岛发生危机，因为那会促使苏联在德国还未做好入侵苏联的准备之前就向这个地区出兵。这样，当苏联要求罗马尼亚割让大部分人口是乌克兰人的比萨拉比亚和北布科维纳时，希特勒的反应就毫不奇怪了。虽然，1939 年，希特勒和斯大林秘密签订的互不侵犯协定已经确认了苏联对比萨拉比亚的占有权，但他担心苏联的进一步领土要求预示着它想向西扩张它的势力范围，那将威胁到德国在罗马尼亚的珍贵的石油供给。尽管如此，希特勒还是决定先在这件事上避免与苏联最后摊牌。他希望在自己准备充分的时候再向苏联发起挑战。因此，他拒绝了罗马尼亚的救援请求，罗马尼亚只好将领土割让给苏联。

两个月后，希特勒又不得不面对一个棘手的问题。受苏联成功获得罗马尼亚土地的先例的鼓舞，保加利亚和匈牙利也都声称对罗马尼亚的部分领土有占有权，因为这些领土上的居民和他们国家的人民属于同一民族。这一次，罗马尼亚准备起来反抗了。希特勒立即给罗马尼亚当时的独裁者与君主卡罗二世皇帝去信，敦促他与这两个国家协商解决问题。保加利亚的领土要求相对比较温和，因此在罗马尼亚同意放弃一小部分南多布罗加之后，问题很快就解决了。但是罗马尼亚拒绝了匈牙利的要求，因为匈牙利竟要求占领拥有 150 万马扎尔人的特兰西瓦尼亚。这时，希特勒不得不出来干预了。

轴心国政府召集匈牙利和罗马尼亚的代表在维也纳开会。事实上，两个敌对国家的代表被召集来并不是商讨如何解决争端，而是被要求在德国外长里宾特洛甫事先拟好的协议上签字。该协议规定匈牙利拥有北部 1/3 的特兰西瓦尼亚，但把这个地区所有的石油与天然气开采权留给了罗马尼亚。同时，轴心国保证罗马尼亚未来的领土完整。这一虚伪的保证并没有减轻协议的签署对罗马尼亚尊严的巨大伤害。当一张重新标注了特兰西瓦尼亚边界的地图挂在会议厅里时，罗马尼亚的外交部部长晕倒在谈判桌前。

1940 年罗马尼亚边界的重新划分意味着一些人要改变居住地，一些人要远离家园。在下面的图中，一位监管保加利亚占领地多布罗加的德国军官正在接受当地农民妇女的致谢。这个地区的许多居民世代都是保加利亚人。右图中，满载德国难民的大篷车在苏联占领比萨拉比亚之后不得不沿着普鲁特河离开此地。虽然德国鼓励移民，但他们限制难民必须居住在安居地当中。一位难民抱怨说："你们应该让我们留在自己的家园里。"

这个被称为“维也纳仲裁”的协议不仅没有使相关各方满意，而且最终导致了希特勒所极力避免的武装干预。一个直接的后果是苏德的关系迅速冷淡。苏联轻而易举地看出轴心国对罗马尼亚边界的保证是对苏联在巴尔干地区扩张的抵制。这一事件的另一后果是罗马尼亚皇帝卡罗二世退位。德国从来没有完全相信这位皇帝，因为他有一个犹太情妇，而且他的官员及仆从都是亲西方的。因此，德国认为他没有能力平息在罗马尼亚国内因北特兰西瓦尼亚丢失所引起的强烈抗议。迫于德国的压力，卡罗二世不得不于9月6日退位，并将王位传给他19岁的儿子——米哈伊。同时，将其作为独裁者的统治权传给狂热崇拜希特勒而希特勒也赞赏的安东内斯库将军。德国国防军凯特尔元帅也对他的“钢铁般改革的决心”大加赞赏。这一

罗马尼亚皇帝卡罗二世（中），身旁是他的儿子和继承者米哈伊王子，以及布达佩斯的主教。因无法履行自己的誓言，即不丧失罗马尼亚的一寸土地，他于1940年9月退位，开始流亡生活。

改革指的是罗马尼亚军队亲德的改革。

安东内斯库将军掌权不久就请求希特勒派兵保护罗马尼亚以抵制苏联。希特勒派他的第 13 装甲师和从第 2 装甲师抽调的一个团，并由几个防空编队和几个空军中队配合到罗马尼亚去。在他的派遣指示中，希特勒指出："对世界来说，我们的任务就是帮助指导和组织友好的罗马尼亚军队。"但是他指出派遣军真正的任务是保护油田，做好军事部署，以准备应付万一爆发的苏德战争。当然这一真正的目的，既不能泄露给罗马尼亚，也不能让派遣军知道。

在 9 月 19 日对罗马的一次访问当中，里宾特洛甫漫不经心地对意大利外交部部长齐亚诺提起德国向罗马尼亚派出了一支"指导部队"。意大利领导人起初并未在意，直到 10 月初才从报纸上得知德国的"指导部队"竟是如此庞大。墨索里尼大发雷霆，他禁止意大利报纸再提及德军的动向。同时，他让齐亚诺促使罗马尼亚也"请"意大利出兵罗马尼亚。齐亚诺指示意大利驻罗马尼亚大使要使这个派兵的行动看起来是出自罗马尼亚的请求，尤其不要引起德国的警惕。

墨索里尼旨在与希特勒在罗马尼亚的优先权上竞争的努力收效甚微。最终，罗马尼亚仅同意几位意大利空军军官到罗马尼亚去。但墨索里尼很快决定采取一个更加野心勃勃的计划。10 月 15 日，他把将军们召集到他在罗马的豪华的威尼斯宫，让他们准备进攻希腊。他说自己考虑这一计划已经有很长时间了。事实确实如此，早在二战前，他就想有朝一日成为巴尔干地区的霸主。希特勒承认欧洲东南部，尤其是围绕着地中海和亚得里亚海的地区是意大利的势力范围。基于这种默契，墨索里尼几次建议意大利独自采取行动进攻南斯拉夫或希腊，但是都被希特勒否定了。希特勒解释说，所有的轴心国力量都应该用来对付英国。但希特勒出兵罗马尼亚之后，墨索里尼感到他扩张领土的梦想受到德国在巴尔干地区霸权的威胁。

墨索里尼认为意大利应该拥有占领巴尔干的优先权。但他逐渐感到自己似乎不是希特勒在进攻上的盟友，而只是一个候补队员，耐心地等待着希特勒在世界舞台上的一次次行动。墨索里尼试图像希特勒一样引起世界的注意，因此他在希特勒侵占捷克斯洛伐克之后不久占领了阿尔巴尼亚。现在，墨索里尼认为他应该再次采取行动以"重新恢复势力均衡"。对希特勒出兵罗马尼亚的行动，齐亚诺也很愤怒。他认为希特勒总让他措手不及地面对一些"既成事实"，所以决定以其人之道还治其人之身。齐亚诺说："希特勒将从报纸上得知意大利征服希腊的消息。"

经过认真考虑，墨索里尼决定在报纸刊出之前自己写信告知希特勒意大利将进攻希腊的消息。在信中，他狡猾地先列举出轴心国面临的一系列难题，直到信末，他才提及："至于希腊，我决定不再拖延，很快将对其采取行动。”他知道在他写信时，进攻希腊的时间已经确定下来，在10月28日凌晨4时，这一天是他胜利进入罗马的纪念日。出于谨慎考虑，他没有向希特勒谈起进攻的细节。他对齐亚诺提起过他的担心：“进攻可能会再一次被希特勒所阻止。”这封信是10月23日发往柏林的，那时希特勒已坐在了开往法国的专列上。他将和法国维希政府的领导人在蒙图瓦尔进行会谈，并将和西班牙的独裁者弗朗西斯科 · 佛朗哥在西班牙边境的昂代商讨一些事情。

墨索里尼的信于10月25日清晨到达希特勒手中。也许是因为早已习惯于墨索里尼的夸夸其谈，希特勒并没有立刻做出反应。直到当天晚些时候，德国驻意大利大使及德国空军驻罗马的联络官都详细报告说有意大利将大举进攻希腊的传言，希特勒也很难相信这个消息。他认为即使他的盟友再愚蠢，也不会冒险在仲秋时发动对多山的希腊的进攻。25日晚上，希特勒终于相信了消息的真实性。他命令火车转向，开往佛罗伦萨，准备与墨索里尼就此事进行会谈。他认为只有面对面的谈话才能使轴心国避开将要面临的危险。出于安全考虑，他的火车开得缓慢。所以当他的火车28日清晨停靠在佛罗伦萨车站时，意大利军队已经由阿尔巴尼亚边境进入了希腊。随之，希特勒与墨索里尼进行的会谈是短暂和看似真诚的，但就当时担任翻译的保罗 · 施密特回忆，希特勒“当天下午返回时一直闷闷不乐”。

1940年10月23日，希特勒在昂代火车站与前来迎接他的西班牙独裁者弗朗西斯科·佛朗哥见面。佛朗哥笑容满面，貌似亲切。但他并未答应希特勒希望西班牙也参加对英国作战的要求。这似乎预示了希特勒在这次旅程当中将面对令他恼怒的局面。在佛罗伦萨，他得知墨索里尼已派兵入侵希腊。

从佛罗伦萨返回慕尼黑之后，希特勒还在考虑德国干涉希腊的可能性。他对墨索里尼这次冒险的最坏的担心很快就出现了。意大利对希腊的入侵从一开始就注定将是一场灾难，而远不止是齐亚诺所说的一场“军事上的散步”。暴雨和泥泞使意大利军队从阿尔巴尼亚出发后，就行进得异常艰难，而希腊人的坚决抵抗，又使其遭到迎头痛击。最令希特勒不安的是英国对意大利的行动反应迅速。英国如约在意大利军队越过希腊边境之后几天，就派遣空军和陆军到达希腊的克里特岛和利姆诺斯岛以帮助希腊抵抗侵略。11月4日，希特勒在柏林自己的总理府召开了一个军事会议。会上，他将意大利的入侵行动称为一个“肯定会后悔的错误”。他指出现在罗马尼亚油田就在英国飞机轰炸范围之内。如果英国派遣部队到希腊位于巴尔干半岛的陆上去，会使德国在巴尔干半岛的整个局势都受到影响。因此，希特勒命令他的将军们准备对希腊发起一场至少包括10个师兵力的进攻。

希特勒将入侵苏联的行动定在来年春天，因此它不会受到代号为“马瑞塔”的入侵希腊行动的影响。在冬天到来之前进攻希腊已经不可能了。因此，希特勒希望他的军队能在来年3月雪一化时就越过希腊边境。这样，希特勒必须在12月中旬以前发出军队部署的命令，因为将军们需要两个半月来集结军队和装备。

德国军队面对的主要问题是如何抵达希腊边境。最直接的路线要经过南斯拉夫；另一条路线是经匈牙利、罗马尼亚，然后跨过多瑙河进入保加利亚。这一路线跨过了广阔的地区。不论哪个计划，都需要所经国家的配合。为了得到这些国家的同意并巩固其在巴尔干半岛的

墨索里尼和他的外交部部长，也是他女婿的齐亚诺（中）及德国外交部部长里宾特洛甫在佛罗伦萨会谈。据他的一个助手回忆说，当意大利军队在希腊的局势越变越糟时，墨索里尼“眼睛变肿了，神色疲惫、悲伤，经常心事重重”。

由于恶劣的天气和希腊坚决的抵抗，在对希腊的战役中，意大利士兵及车辆陷于泥泞当中，难于前进。希特勒11月给墨索里尼去信，答应帮助他，但同时也指出，这场战争本应“在一个更合适的时间发动”。

政治控制，希特勒计划在 11 月发动一个外交攻势。

在同各巴尔干国家领导人单独会谈之前，希特勒在柏林先要小心应付苏联的外交部部长莫洛托夫。这个会谈由里宾特洛甫提议举行，旨在使苏德至少保持一种表面的和谐。苏德之间脆弱的互不侵犯条约随时都会破裂。希特勒向罗马尼亚派驻军队并不是唯一引起摩擦的原因；斯大林担心德国反对他想将芬兰变成苏联势力范围的计划，而且他对最近的德意日三方会谈非常怀疑。这次会谈是在 9 月由里宾特洛甫主持的。

里宾特洛甫希望能缓和柏林和莫斯科之间的紧张局势，当然如果能达成一个长期的共识就更好了。这样，希特勒不必入侵苏联就可以实现他的称霸野心。里宾特洛甫向莫斯科提出了一个苏联可以占有的边界模糊的亚洲的势力范围，包括诸如波斯湾和印度洋沿岸地区，而德国不会加以干涉。德国希望通过这种途径，苏联可以允许德国占有巴尔干地区。里宾特洛甫认为，虽然中欧一直是苏联希望扩张的地区，但希特勒准备占据中欧也已经很久了。巴尔干地区又在欧洲最南端，所以他希望苏联不要与德国争夺这些地区。而且随着大不列颠帝国的衰落，它在亚洲的广阔的殖民地与势力范围已不再受其控制，苏联可趁这个机会把它领土扩张的目标转向亚洲。然而，这毕竟是里宾特洛甫一厢情愿的想法，希特勒对此持怀疑态度。所以，他命令不论这次会谈的结果如何，入侵苏联的“巴巴罗萨”行动的准备工作都继续进行。但他也想知道苏联到底能够做出多少让步。他认为斯大林和他顽固的外交部部长也并没有期待德国会做出让步。

莫洛托夫是在1940年11月12日到达柏林的。那一天下着蒙蒙细雨，天空阴沉，欢迎的场面气氛肃穆。据记者威廉姆·席尔回忆，莫洛托夫那天看起来像一位“严厉的乡下学校校长”。在接下来的会议中，莫洛托夫扮演了一位顽固的说教者的角色，他试图以率直的问题击败他的学生过于大胆的想法。他首先与里宾特洛甫会谈，对德国声称英国已被击败的说法嗤之以鼻。在此之后，他又同希特勒会谈。当希特勒再次谈起英国即将失败，请苏联一起去分割大英帝国留下的战利品时，莫洛托夫打断了他的话：“您说得对，但此时您为何向罗马尼亚派兵？您能否解释一下，您在欧洲要建立的新秩序又指的是什么？德国会对苏联在巴尔干地区及黑海的利益造成什么影响？德国领导人是否想将苏联的势力范围限定在所谓的‘大亚洲’？”莫洛托夫的问题像冰雹一样倾泻而出，让希特勒无法招架。据翻译保罗·施密特回忆说：“没有任何一个来访者对希特勒这样说过话。”他本以为希特勒会勃然大怒、摔门而出，但希特勒始终保持礼貌与克制，只是偶尔露出怒色。尽管希特勒向莫洛夫保证英国很快就会被击垮，但会谈不得不在黄昏时中断，因为英国飞机晚上有可能来轰炸。

第二天，希特勒和里宾特洛甫都试图说服莫洛托夫接受对苏联领土扩张的限制。为了促使他接受，希特勒说整个南亚都是苏联的势力范围。

然而莫洛托夫并不为这些许诺打动，他又提起巴尔干的问题。他说：“你们对罗马尼亚的保证让我们很不高兴。这个保证是否也适用于苏联？”

这一次，希特勒忍不住发火说：“这个保证适用于所有进攻罗马尼亚的国家。”

会谈变得越来越矛盾尖锐。里宾特洛甫不得不设法缓和气氛，会谈没有取得任何结果。莫洛托夫老谋深算，很难被说服。而会谈后，希特勒更加肯定地认为无法同苏联人打交道。

那天晚上，在苏联大使馆举行了一个招待晚会。希特勒谢绝参加，只有里宾特洛甫出席了。莫洛托夫致完祝酒辞，里宾特洛甫刚要致答谢辞时，警报响起，预告英国飞机要来轰炸。里宾特洛甫陪同莫洛托夫到德国外交部设备精良的防空洞去躲避。在等待警报解除的时候，里宾特洛甫起草了一个协议书，协议内容是关于德、意、日、苏四国互相尊重势力范围，互相不进行武力攻击。协议还秘密划定了四国将要拥有的势力范围，将苏联模糊地划在“印度洋方向”。莫洛托夫立刻明确指出苏联不会轻易被引向亚洲。莫洛托夫滔滔不绝地提出许多问题，使里宾特洛甫事后抱怨莫洛托夫的质询是“步步紧逼”。在防空洞里，里宾特洛甫接着提起，既然英国已经被击败，苏联是否愿意配合德国去接收英国的势

从 1940 年 11 月 12 日起，在翻译的帮助下，苏联的外交部部长莫洛托夫在柏林与德国领导人会谈。据一位当时在场的德国人回忆，在与希特勒会谈当中，莫洛托夫神情专注、坚定，似乎在冷笑。

力范围？莫洛托夫回击说：“如果英国已经战败，我们为什么躲在防空洞里？天上的飞机又是哪国的？”这些话几年之后斯大林在同丘吉尔首相会谈时又提起过。

莫洛托夫第二天离开柏林。会谈结束之后，所有驻德国外交使团都被告知苏德的这次会谈是友好和建设性的。其实，希特勒认为会谈是灾难性的。11 月下旬，苏联终于就里宾特洛甫草拟的议案给予答复。他们再次强调苏联要在保加利亚、博斯普鲁斯海峡和达达尼尔海峡拥有基地。这两个海峡都是从黑海通向地中海的要道。因为未能将苏联的兴趣引向亚洲，里宾特洛甫没有就苏联的答复做出任何回应。莫洛托夫对柏林的访问的最直接后果是希特勒下定决心准备入侵苏联。他的海军助手普特卡默回忆说：“从那时起，希特勒就正式决定入侵苏联了。”

希特勒再次坚定了入侵苏联的决心，从而导致他也更急于发动巴尔干战役。如果他想于 1941 年春天发动侵略苏联的“巴巴罗萨”战役，德国就必须先占领希腊，而且必须取得胜利。这样，德国就必须得到介于德国和希腊之间的巴尔干国家的配合。希特勒从 11 月中旬开始召见各巴尔干国家领导人。保加利亚的鲍里斯三世是第一个来访者。他于 20 世纪 30 年代中期废除了保加利亚宪法，实行独裁统治，就像他喜欢操纵火车机车一样——这是他的一项特别爱好。希特勒极力劝说他允许德国军队有权穿过保加利亚，并希望保加利亚也加入德、意、日的三国联盟条约。作为诱饵，希特勒答应在占领希腊之后，给保加利亚一条通向爱琴海的通道。这条通道本属保加利亚，在 1913 年被希腊夺走，保加利亚一直想收回。

鲍里斯三世虽然心动了，但他还是很礼貌地拒绝了德国的要求，一个最重要的原因是保加利亚惧怕苏联。苏联反对保加利亚同德国结盟，因为那样会侵犯苏联在黑海及其海峡的利益。最近，苏联外交部部长莫洛托夫就直接告知保加利亚驻苏联大使，苏联不能容忍保加利亚成为德国的一个“外籍兵团”。鲍里斯也怕触怒土耳其。土耳其在边境屯兵 37 个师，声称一旦保加利亚加入墨索里尼对希腊的战争，它将向保加利亚进军。希特勒对此危言恐吓说：“如果土耳其胆敢动一动，伊斯坦布尔将遭受到类似于德国对考文垂及伯明翰轰炸的命运。”但是鲍里斯皇帝还是不敢相信希特勒，因为当时保加利亚正和土耳其谈判以避免在两国之间发生冲突，鲍里斯不会做任何公开损害谈判的事情。

希特勒还是成功地从保加利亚皇帝那里得到一个允诺。保加利亚允许一个有200人的德国空军信号兵部队先到保加利亚去，在保加利亚、希腊边境建立起一个先进的防空预警系统。这些信号兵都装扮成旅游者，分成小批偷偷进入保加利亚。保加利亚同时也惧怕苏联会侵略他们，所以，几个月之间又允许两批同样人数的德国部队乔装成旅游者进入保加利亚。这些部队对希特勒

1940年11月在和希特勒会见之后，保加利亚国王鲍里斯三世对国民代表大会的成员讲话。国王的画像占据了厅里最显眼的位置，左右两侧分别是他的妻子及他的儿子的画像。这位统治者烦恼地抱怨道：“我的军队是亲德国的，我的妻子亲意大利，我的人民亲俄国，而只有我自己是亲保加利亚的。”

罗马尼亚的掌权者安东内斯库将军（左）11月23日在柏林答应加入德、意、日三国联盟条约。安东内斯库的顺从为德军在入侵希腊之前在罗马尼亚集结军队铺平了道路。

的进攻计划是至关重要的，因为他们建立起桥梁，修复道路，修建机场，以准备迎接大批侵略部队的到来。

希特勒对他的下一个来访者，罗马尼亚的独裁者安东内斯库就没有这么费事了。因为他偏袒安东内斯库，所以他向安东内斯库直接讲述了他打算入侵希腊并希望将罗马尼亚作为德国军队集结地的计划。安东内斯库对此没有反对，只是希望德国军队能自备给养，因为罗马尼亚没有这个经济能力。这次会谈的高峰是罗马尼亚在11月23日也正式成为德、意、日三国联盟条约的一员。3天之后，匈牙利也步罗马尼亚后尘，做出了让步。匈牙利的领导人对希特勒心怀感激，以至于德国没有施加什么压力，匈牙利也成了三国联盟条约的成员。

希特勒在11月底要接待的第三个巴尔干国家的特使是南斯拉夫的外交部部长亚历山大 · 辛卡 · 马尔科维奇。对希特勒来说，这个任务最微妙，令他感到不快。南斯拉夫是一个软弱的君主立宪国家，仍然希望避免和法西斯德国正式结盟的命运。希特勒希望南斯拉夫与其结盟是出于以下一些考虑。首先，当法西斯德国向苏联推进的时候，他只有牢牢地掌握了南斯拉夫，才能保证作为他侧翼基地的巴尔干半岛的安全。南斯拉夫和已与德国结盟的奥地利拥有一段共同的边界，并且靠近普洛耶什蒂油田。其次，希特勒知道，对入侵希腊的“马瑞塔”行动起着至关重要作用的巴尔干铁路干线有 13 公里在南斯拉夫境内。一想到南斯拉夫一旦行动起来，可以在其边界集结起超过 50 万的军队，希特勒的将军们心里就不舒服。而且他们对南斯拉夫仅做出了中立的保证也感到不满意。他们希望南斯拉夫至少能允许德国开往巴尔干—希腊边界的军队通过。对德国军队来说，从维也纳穿过南斯拉夫首都贝尔格莱德到保加利亚首都索非亚的铁路比罗马尼亚境内的任何一条铁路都要优越。据德军最高统帅部估计，如果德国军队能从南斯拉夫穿过，将把入侵希腊的军队集结时间从 10 个星期缩短到 6 个星期。这样，也就能够加快“巴巴罗萨”行动的部署。

德国认为，如果贝尔格莱德能够允许德国从南斯拉夫发动对希腊的进攻就更好了。因为南斯拉夫与希腊接壤的地方比保加利亚和希腊的边境更容易发起对希腊的进攻。希腊在保、希边境设立了被称为“迈塔克萨斯”防线的一系列的军事堡垒，守卫那里多山的边境。而且从南斯拉夫发起对希腊的进攻也更容易被土耳其所接受，因为那里远离土耳其边境。英国深知南斯拉夫在希特勒进攻计划中的重要地位，所以英国的外交大臣安东尼·艾登电告英国驻贝尔格莱德大使，让他要求南斯拉夫拒绝德国军队通过。他还补充说："如果必要，可以使用武力。"

还有另一个原因使得希特勒如此重视南斯拉夫。虽然"马瑞塔"行动的准备工作已经全面启动，但他还是希望希腊和意大利能够进行和谈，停止兵戈相见，这是最好的结果，虽然他也知道这种希望很渺茫。他认为，如果希腊能够被说服将英国军队驱逐出去，并和墨索里尼签订一个能让其挽回面子的停火协定，德国就不必发动一场耗资昂贵的战争。为了实现这一目标，希特勒将希腊的萨洛尼卡港作为诱饵来吸引南斯拉夫加入三国联盟。萨洛尼卡港位于爱琴海，靠近南斯拉夫边界。南斯拉夫一直希望拥有该港，以使南斯拉夫在意大利控制的亚得里亚海外部拥有一个港口。如果南斯拉夫接受了这个诱饵，并依附于德、意、日联盟，南斯拉夫就将自动成为意大利的盟国，因此就对希腊的北方边境构成潜在的威胁。在这种情况下，希腊将会急于与墨索里尼达成和解，甚至不惜牺牲萨洛尼卡港。在 11 月初意大利入侵希腊时，希特勒曾认为他的这个希望会很容易实现。因为那时南斯拉夫担心意大利会吞并萨洛尼卡港，因此它想依附于德国，希望德国能帮助它决定"采取何种合适的方法来保护南斯拉夫的利益"。但当希腊军队将意大利军队赶回阿尔巴尼亚之后，希特勒对南斯拉夫的控制也随之削弱了。而此时希特勒即将与南斯拉夫外交部部长在他位于贝希特斯加登的高山隐蔽所会晤，会面时间定于11月28日。

为了保密，辛卡·马尔科维奇没有乘火车，而是乘汽车去见希特勒。作为一个中立国家的代表，他不想让外界知道他将与希特勒会谈。据这次会谈的翻译施密特回忆，希特勒希望南斯拉夫的外交部部长考虑一下他的旨在“加强欧洲力量并创造一个东起横滨，西到西班牙的联合体计划”。希特勒有些恫吓地指出：“每一个欧洲国家都为这个计划出一把力的时候已经到来了。”除了这种明白的警告之外，希特勒小心地不给辛卡·马尔科维奇更多的压力。他向这位部长保证，德国并不想从南斯拉夫那里得到什么，甚至也不一定非让南斯拉夫允许德国军队通过。但希特勒心里极为清楚，他

1941年一份德国宣传日历里的几张卡通画，以德军在1940年的胜利嘲弄英国读者（上图）。约翰·布尔衣衫褴褛地坐在一堆瓦砾上，

的将军们急切地想得到这个权利。他感觉到辛卡·马尔科维奇并不想在三国联盟条约上签字，于是含糊地建议南斯拉夫、德国和意大利签署一个互不侵犯条约，在条件许可时，再签署正式联盟条约。但辛卡·马尔科维奇仅答应将希特勒的建议带回去交给南斯拉夫政府考虑。虽然这次会谈收获甚小，希特勒还是答应让南斯拉夫去考虑他的建议，因为他相信事态的发展会很快迫使南斯拉夫屈服。“南斯拉夫想等一下再做决定，”他在12月份给墨索里尼的信中写道，“我认为只有让下一个战略胜利改变南斯拉夫人的这种犹豫不决的心态。在此之前，采取任何措施都是徒劳的。”

南斯拉夫对与轴心国结盟犹豫不决，使得希特勒认为保加利亚必须确保让德军通过。但正如保加利亚皇帝鲍里斯对希特勒所指出的，只要苏联和土耳其阻拦，保加利亚就不敢轻易做出这个允诺。

心不在焉地欣赏着一份英国封锁德国的地图，而这时，德国U型潜艇已包围他的国家（左图）。罗马尼亚与德国保持一致的举动，被以一个穿着长筒靴的人把奸商和犹太人踢出罗马尼亚的画面来表示。这是一个粗制滥造的、除了纳粹圈子里的人，很少有人会去欣赏的宣传品。

土耳其对外交压力更为敏感，它对德国军队在保加利亚的存在甚为紧张。缓解这种紧张的任务就落在了狡猾的退伍老兵、德国驻土耳其大使弗郎茨·冯·巴本头上。他善于将希特勒咄咄逼人的战略计划套上友善的外衣。他11月底在伊斯坦布尔与土耳其总统伊斯默特·伊诺努会晤，向其保证，只要土耳其“配合欧洲新秩序的建立”，轴心国联盟将确保土耳其的主权完整。巴本特地敦促土耳其同意签署一个与保加利亚的互不侵犯条约，而这个条约双方外交官已经悄悄地讨论一段时间了。针对巴本的建议，土耳其领导人强调，这个条约上必须有这样的条款，即如果保加利亚允许任何外国军队在其领土上出现，都将被视为对土耳其的“敌对行为”。里宾特洛甫清楚地知道德国军队正向保加利亚行进，他劝告巴本在与土耳其的外交商谈中，在德国找到能够安抚土耳其的方法之前，要尽力隐瞒这一事实。

保加利亚首相菲洛夫手拿文件站在里宾特洛甫身旁。1941年3月1日，在维也纳，他代表他的国家接受了德、意、日三国联盟条约，使保加利亚与轴心国集团正式结盟。紧随其后，保加利亚国王鲍里斯穿着军装（右、中）和德国的李斯特元帅（国王对面）热诚地会谈。李斯特元帅的第12集团军将把保加利亚作为入侵希腊的发起地。

接近1941年1月底的时候，总数为50万的德国军队开始涌入罗马尼亚，并开往保加利亚边境。这支军队总数为18个师，包括装甲部队、步兵师及山地作战部队。两个装甲师驻扎在北多布罗加，一旦保加利亚遭到土耳其的进攻，这两个师就会开进保加利亚。为了给这样庞大的军队运送给养，德军最高统帅部不得不强迫罗马尼亚调集了几乎所有的民用火车。最终，每天都有50列装载着德国侵略军的火车滚滚驶过罗马尼亚。

德军的军队调动使得保加利亚人发现自己处于一个越来越危险的境地。他们担心这会触怒苏联人或土耳其人。然而，德国强大的军事力量的威胁迫使他们不得不听命于德国。鲍里斯国王派他的首相菲洛夫先去和里宾特洛甫会谈，然后又和希特勒见面。菲洛夫告诉他们，尽管保加利亚还没有准备好签署三国联盟条约，但是保加利亚同意与德国举行军事会谈来决定保加利亚如何抵御可能的进攻。

同时，巴本被授意秘密地告知土耳其人，如果德军不得不进入保加利亚的话，将始终保持距土耳其边界30公里以上的距离。德国的这种妥协使土耳其不再反对德军进入保加利亚。之后，土耳其与保加利亚的军事会谈迅速取得结果，双方于2月17日签订了互不侵犯条约。纳粹的报刊广播等将条约的签订渲染成德国外交的又一次胜利。2月28日，大批德国步兵涌入保加利亚，以致保加利亚有限的铁路运输系统无法运载如此庞大的军队。在越过多瑙河时，很多士兵不得不从临时搭起的浮桥上渡河。德国的摩托化部队穿过泥泞的土地，向南方希腊的边境开进。德国最高统帅部命令德军在一个月后发起对希腊的进攻。3月1日，保加利亚加入三

3月初在保加利亚北部边境，穿黑色军服的德国装甲部队士兵等待着他们的火车，以便继续前进。那时，火车运输在保加利亚后方还是一个奢侈的事物。大多数德国部队不得不踏着积雪和泥泞艰难地步行到希腊边境。

国联盟条约。作为报答，德国人正式许诺在占领希腊之后，将把希腊的东北部的省份色雷斯及通往爱琴海的出口割让给保加利亚。为了安抚土耳其人，希特勒写了一封信给土耳其总统伊诺努，声称德国不会威胁到土耳其的主权。苏联人虽然抗议德国侵犯了他们的安全保护区，但正如希特勒所预料的那样，他们并未采取任何行动来阻止德军。

南斯拉夫作为巴尔干地区的最后一个中立国，受到来自德国的强大压力。德国希望它尽快加入三国联盟条约。南斯拉夫的摄政王——保罗王子和他的外交部部长——辛卡 · 马尔科维奇试图让希特勒相信南斯拉夫最终将加入三国联盟条约，但他们没有确定这个日期。他们之所以一直采取拖延的办法，是因为他们担心一旦南斯拉夫公开和德国联盟，将在他们本来就存在种族对立的国家里掀起内战。作为摄政王，保罗王子希望将一个团结的南斯拉夫传给他年轻的侄子——彼得二世皇帝。在南斯拉夫占主要地位的塞尔维亚人在一战中从英美等同盟国那里得到过利益，因此他们坚决反抗德国的势力扩张。而另一大种族克罗地亚人对塞尔维亚人一直心怀不满，德国利用这种不满，使得克罗地亚人对德国采取支持的态度。另一个让保罗王子难于做决定的原因是他年轻时在英国牛津大学读过书，因此他对英国有一定的感情。而且他的许多部下都认为英国最终将取得胜利，而在战时与德国结成同盟将使南斯拉夫在战后受到惩罚。正当保罗王子面对德国的压力不知何去何从时，英国人也想尽办法阻止南斯拉夫在三国联盟条约上签字。对丘吉尔来说，南斯拉夫是代表着整个欧洲对抗希特勒的最重要的中心。他在3月初给罗斯福的信中说："在这个紧要关头，南斯拉夫的抉择是至关重要的。"英国人虽然能够告诫南斯拉夫人要反抗希特勒，但他们也不得不承认，只要希特勒愿意，他是有足够的力量摧毁南斯拉夫的。

保罗王子也充分认识到这一点，因此他3月份两次秘密前往贝希特斯加登会见希特勒。希特勒说他仅希望南斯拉夫在三国联盟条约上签字，德国军队不会借道南斯拉夫，他不会要求南斯拉夫出让任何领土，而且他也不要求南斯拉夫给予任何军事援助。相反，只要南斯拉夫在条约上签字，在希腊被击败之后，南斯拉夫可以得到它的萨洛尼卡港，并巩固其未来在"建立了新秩序的欧洲"的地位。据当时在场的里宾特洛甫看来，摄政王似乎被这些话打动了。然而南斯拉夫国内尤其在以塞尔维亚人为主的贝尔格莱德，人们更倾向于支持英国人。所以摄政王还是不无忧虑地说："如果我听从你的建议，并在合约上签字，我在6个月后也许就不能来这里了。"在贝尔格莱德的咖啡馆里，吉卜赛乐队弹奏着《蒂帕雷里》，经常引起听众的热烈掌声。剧院里，每当观众看到墨索里尼出现在新闻片中时，都会发出嘲笑声。南斯拉夫驻美国大使从华盛顿给摄政王发回一封情绪激昂的电报，在电报中恳求摄政王不要屈服于希特勒。

3月中旬，保罗王子和他的部长们将屈服于德国的压力的消息传开了。满含愤怒的信件和电报潮水般涌向了南斯拉夫内阁成员及军事领导人的办公室。有人威胁说如果保罗王子敢在合约上签字，就要他的命。也有代表团从各地来到贝尔格莱德，抗议政府即将采取的行动。南斯拉夫驻扎在各国的外交官也威胁说准备辞职。停靠在外国港口中的南斯拉夫船只上的船员们声称，如果政府屈服于德国法西斯，他们将放逐自己，不再返回祖国。这时，从伦敦发出两封电报。一封是乔治六世国王发给保罗王子的，另一封是丘吉尔发给南斯拉夫首相的。丘吉尔在电报警告说："如果南斯拉夫成为希特勒入侵希腊的帮凶，它是注定要灭亡的。"在丘吉尔发给英国驻南斯拉夫大使罗纳德·坎贝尔的秘密电报中，丘吉尔要求大使对南斯拉夫可以求同存异，也可以采取纠缠、劝诱的方法，但一定要尽力劝阻南斯拉夫，不让它加入德、意、日的轴心国阵营。美国的罗斯福总统也发来了劝诫南斯拉夫不要加入德国阵营的电报。但是除了不太明确的援助的许诺，丘吉尔和罗斯福总统都不能告知南斯拉夫人民什么时候才能扭转战争的局势，甚至不知道是否能够扭转希特勒这种战无不胜的局面。

3月20日，保罗王子对内阁宣布南斯拉夫将在三国联盟条约上签字。在与美国驻南大使阿瑟·布里斯·雷恩的紧急会见中，保罗王子对其解释说他别无选择，只能签字。如果他拒绝了德国的要求，南斯拉夫势必要遭到德国的入侵，在这种情况下，政府又得不到亲德国的克罗地亚人的支持。保罗王子还补充说，南斯拉夫武器不足，而且大多是德国淘汰下来的。当雷恩谈及南斯拉夫的国家荣誉时，王子说："你们美国很伟大，你们可以谈我们的荣誉，可你们距离遥远，根本帮不了我们。"当雷恩3月23日再见到保罗王子时，发现他精神很紧张。德国人要求保罗王子23日午夜前告知南斯拉夫代表团什么时候去维也纳"签署早已准备好的条约"。摄政王一些亲密的顾问仍试图劝阻保罗王子。他们说如果在合约上签字，将会在国内引发革命，军队内也会发生起义。对此，摄政王悲痛地说："我被逼无奈，只有屈服。"

第二天早晨，南斯拉夫首相和外交部部长起程去维也纳签订条约。因为担心会有反对者示威，他们没有对外宣布他们出发的时间。希特勒热情地接待了他们，称赞南斯拉夫做出了一个明智的决定，而且许诺德国将永远是南斯拉夫忠诚的朋友。当他们离开时，希特勒请他们转达他对保罗王子最诚挚的问候。

当首相和外交部部长于3月26日回到南斯拉夫时，发现国内表面上看起来很平静。不过那天晚上，南斯拉夫陆军及空军的军官们发起了一场闪电般的军事政变，他们在天亮前就推翻了政府。军队从贝尔格莱德主要的空军基地出发，分头占领了国防部、警察总部、主要的邮电局、电话局和电台。人们普遍具有反抗的情绪，当两支起义队伍冲到王宫时，王宫守卫部队没有抵抗，而是打开大门迎接起义军，并立即加入了起义部队。起义军逮捕了正在郊区别墅的首相。保罗王子当时正在开往他在南斯拉夫北部的庄园的火车上。在萨格勒布，起义军把他拦截住，并将他带回首都。在那里，他按照起义军的命令辞去摄政王的职位，将权力移交给年轻的彼得国王。

贝尔格莱德的人们热烈庆祝这次军事政变。人们欢呼雀跃，在街灯柱上挂起手工缝制的英国、美国和法国的国旗，唱起英国和南斯拉夫的国歌，还举着罗斯福和丘吉尔的大照片穿过街市。丘吉尔在伦敦得到这个消息后，兴奋地对众议院的议员们说："南斯拉夫重新找到了她的灵魂。"但是人们对胜利的欢呼很快就结束了。因为当黑夜结束，白昼来临时，军事政变的领导人开始估计他们的形势。他们很快就清楚地知道，尽管英国人欢迎这次起义，而且还曾鼓动过起义，但是如果德国突然袭击南斯拉夫的话，英国无力保护起义者。3月30日，新政府宣布他们将忠于三国联盟条约。

这样，起义者又采用了曾导致他们反抗的政策。然而不幸的是，他们的转变太晚了。对希特勒来说，他确立的任何合约都是神圣不可侵犯的。除了他自己，任何人都不能先去破坏它。因此，贝尔格莱德的政变对他来说是一次不可忍受的冒犯。他立刻下令入侵南斯拉夫，并"在军事上彻底击溃南斯拉夫"。他对周围的人愤怒

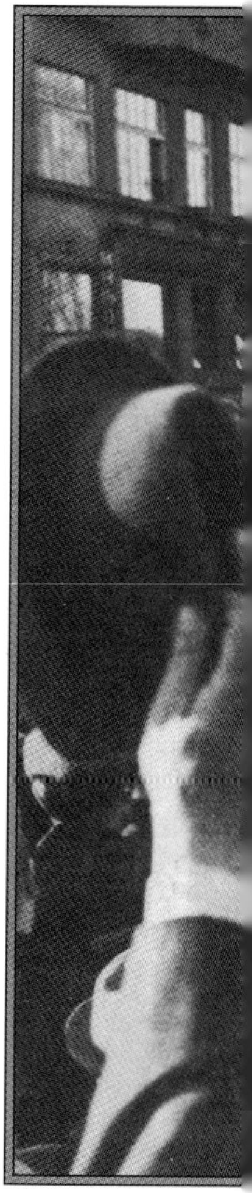

塞尔维亚人在贝尔格莱德街上挥舞着他们的民族旗帜，庆祝由南斯拉夫军官发动的反对与德国结盟的军事政变的胜利。起义激怒了希特勒，

他下令即使起义者妥协了，并向柏林“表示忠诚”，南斯拉夫也要被“尽快地消灭掉”。

地说："我要让世界上再没有南斯拉夫这个国家。"南斯拉夫新政权合作的保证并没有平息希特勒的怒火，他担心起义者以后还会与英国人共命运。因此，从保加利亚进攻希腊的计划被推迟了。他的将军们迅速起草了一个袭击南斯拉夫的计划。4 月 2 日，里宾特洛甫通知德国驻贝尔格莱德大使馆的官员们，让他们一接到命令就销毁所有的文件并尽快离开这个城市。4 月 6 日凌晨 4 时，进攻的命令下达，贝尔格莱德的噩梦就要开始了。

1941 年 3 月 28 日，杜塞·西默维克将军——反纳粹起义的领导者（左二），陪伴着国王。因为担心德国会采取报复行动，西默维克让国王每天晚上都离开王宫，到防空洞里去躲避可能会到来的空袭。

# 第三帝国

## 忠诚的新盟友

1940年秋，当希特勒拉拢巴尔干国家加入他的阵营时，他发现没有一个国家比罗马尼亚更愿意接受他的提议了。罗马尼亚新任领导人安东内斯库将军是希特勒狂热的崇拜者。在1940年9月罗马尼亚皇帝卡罗二世退位之后，他执掌了罗马尼亚政权。他组建了一个名为“钢铁卫士”的组织，这个组织是纳粹的真诚信徒。“钢铁卫士”里的军人在十多年里一直叫嚷着希望与纳粹正式结盟，现在他们终于实现了自己的愿望。

安东内斯库将“钢铁卫士”定为唯一合法政党。这个军人组织由于政治地位的确立变得胆大起来，他们开始像德国纳粹党徒一样，疯狂地谋杀大批犹太人及政治上的敌人。他们在罗马尼亚所造成的混乱震动了希特勒，而他希望罗马尼亚安定并能给他提供各种帮助。他对“钢铁卫士”组织的行动表示不赞成。经希特勒允许，安东内斯库于1941年2月解散了军人政府，成立了一个新的军事政府。

罗马尼亚的这个真正的掌权者很快成为希特勒最喜欢的盟友之一，而且几乎是唯一一个被允许对元首提不同意见的人。安东内斯库在军事上的建议也常引起希特勒的注意。他也是第一个被授予许多人垂涎的纳粹骑士十字勋章的外国人。他坚定地反对犹太主义，可以和希特勒并驾齐驱。在他统治罗马尼亚的4年当中，该国中的75.7万犹太人中有27万人被害。

在安东内斯库的领导下，罗马尼亚成为法西斯德国最忠实和最有价值的合作伙伴。罗马尼亚为德国战争机器提供燃料，允许德军队将其国内的战略要地作为军队集结地及对南斯拉夫、希腊、苏联侵略的发起地。最终，罗马尼亚还加入了对苏联的战争。

1940年9月，年轻的“钢铁卫士”的士兵，游行穿过布达佩斯，庆祝新政府的成立。他们身穿罗马尼亚农民装束，将胳膊向前坚定地伸出，向新政府领导人安东内斯库（站在纳粹旗帜旁）致以法西斯式的敬礼。在检阅台上方悬挂着已故的“钢铁卫士”的创立者科德雷亚努的画像。他于1938年被卡罗二世国王下令暗杀。

德国空军的飞行员在向戴着皮制头盔的罗马尼亚受训者简要讲解He126侦察机的驾驶方法。表面上，德国军队来罗马尼亚是向罗马尼亚军官传授现代军事技术。罗马尼亚军队以前是以服装新颖，而不是他们的战斗能力闻名。实际上，德国将罗马尼亚作为它的军事基地。到1941年初，在罗马尼亚的德军已达50多万人。他们在那里保卫油田，并为进攻巴尔干及苏联做准备。

在1941年初的一次训练中，德国空军的几个高射炮手冲过去操纵一架20厘米口径的高射炮。高射炮设在罗马尼亚东部普洛耶什蒂油田防御带里的一个炮坑里，目的是保护该油田不受在希腊建有基地的英国空军轰炸机的袭击。普洛耶什蒂油田对希特勒来说至关重要，他称对那里石油精炼厂的威胁是“非常可怕”的。

一个德国装甲师正在开往希腊的路上，他们是8个入侵希腊德国师的一部分。他们越过多瑙河，离开罗马尼亚，于1941年3月1日到达保加利亚。就在那一天，保加利亚签署了德意日三国联盟条约，与罗马尼亚一样，正式把它的命运与纳粹德国连在一起。

# 2. 以惩罚为目的

贝尔格莱德的黎明静悄悄地来临了。但是在1941年4月6日这个星期日的早晨，在第一缕光明中醒来的人们都似乎感觉到空气中充满了紧张的气氛。罗丝·米切尔是一位在美国出生的摄影师，她已经在贝尔格莱德居住了一年多。她当时正在她位于多瑙河以南斯拉威扎山上家中的起居室中吃早餐。她在事后写道："窗外，长着浓眉的塞尔维亚农民正在往星期日的早市走。男人都穿着暗色的衣服，妇女们穿着艳丽的刺绣服装。他们走得并不急，但比平时更沉默，更严肃。我一直在看着他们，同时给我自己倒了一杯茶，并拧开了短波收音机的旋钮。"突然，一个刺耳的德国人的声音从收音机里传出来，那是希特勒的外交部部长里宾特洛甫的声音。他通过广播向公众宣告元首已下令惩罚"贝尔格莱德的谋反集团"，并决定使用武力在南斯拉夫恢复"和平与安全"。里宾特洛甫宣告说炸弹已经向大雨一样投向了贝尔格莱德。实际上，这个宣告比真实情况还要早了几分钟。米切尔接着写道："除了运牛奶车的叮当声及窗外农民的脚步声，我听不到其他任何声音。但是里宾特洛甫沙哑的声音预告南斯拉夫的厄运就要到来了。"

一辆德军坦克在南斯拉夫边界一个混凝土军事堡垒附近行进。1941年4月6日，德军开始向南斯拉夫发起进攻。德军全部是机械化武装部队。担任前锋的装甲部队穿过南斯拉夫的一个又一个军事堡垒，势如破竹，直抵首都。而贝尔格莱德此时正遭受德国空军毁灭性的轰炸。

几分钟之后，米切尔就听到了远方炸弹爆炸沉闷的声音，及俯冲式轰炸机隆隆接近的声音。她和她的厨师一起躲到楼梯下面，听到周围一个又一个的炸弹爆炸，有些距离她的家只有30码远。“当时的情景是不可想象的，”米切尔写道，“可怕的并不是炸弹的声音，甚至炸弹爆炸所造成的冲击也不是可怕的。最可怕的是那骇人的风。它就像有什么物体正穿过屋子。每扇锁好的门都被从合页上吹下来，每扇窗户都成了碎片。窗帘被直直地吹出窗外，回落时已成了碎布条。”在雷霆般的爆炸过后是一片寂静，但米切尔听到一个奇怪的、像是丝绸被撕裂的声音，原来她邻居们的房屋开始倒塌了。

与她的许多邻居不同，米切尔完好无损地从第一场轰炸中幸存下来。她所经历的这场空袭仅仅是纳粹空军命名为“惩罚行动”的空袭的开端。这次行动意图通过对贝尔格莱德进行毁灭性的打击，来促使南斯拉夫政府彻底瘫痪。在这第一场完全以贝尔格莱德为目标的空袭中，德国空军共出动了330架左右的军用飞机，其中有74架俯冲式轰炸机，160架中程轰炸机和100架歼击机。与之形成对比的是，南斯拉夫皇家空军仅有340架军用飞机，而且分布在南斯拉夫各地。到7点差一刻，贝尔格莱德响起第一声空袭警报，德国空军已先发制人地轰炸了南斯拉夫的各主要空军基地，并使许多飞机瘫痪，无法起飞。那些冒着轰炸成功起飞的南斯拉夫歼击机飞行员试图迎战，但他们远没有他们的德国同行们有

# 全方位打击南斯拉夫

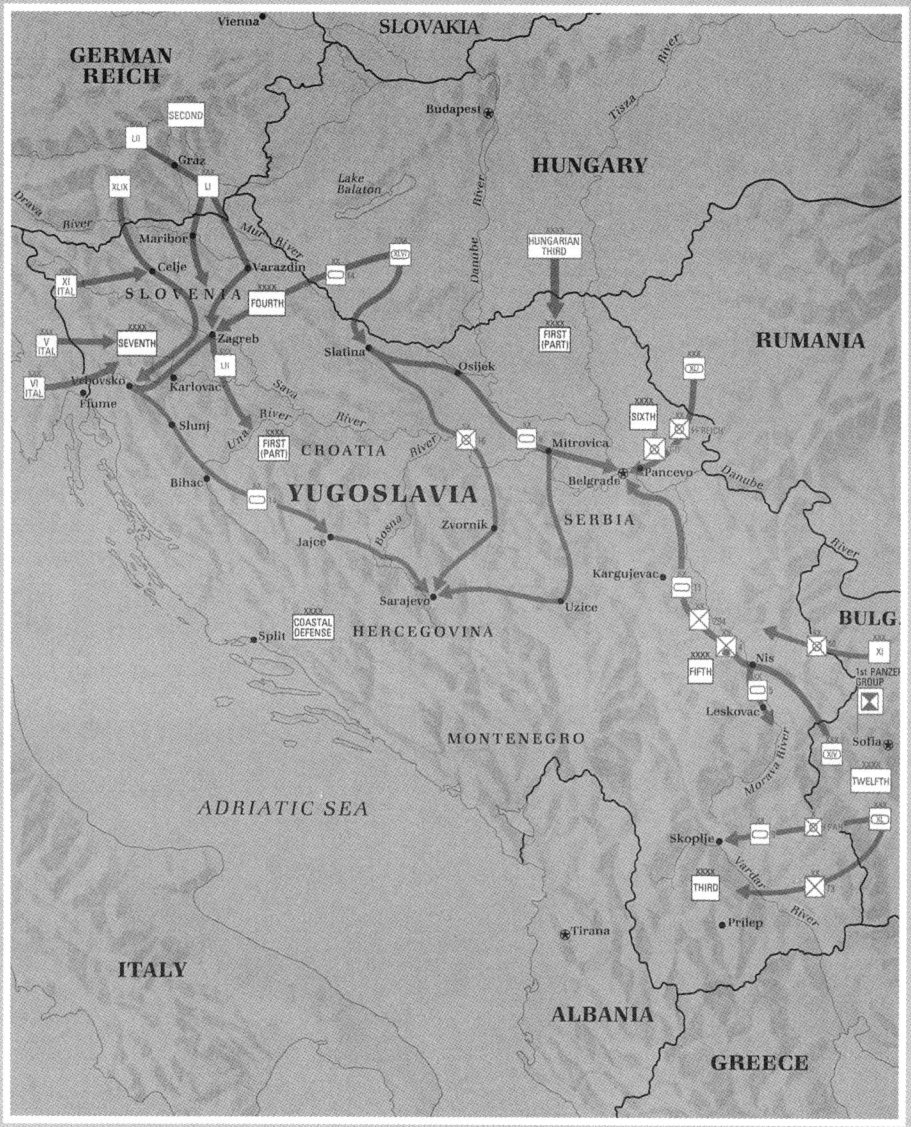


德军计划利用它优越的地理位置战胜南斯拉夫。南斯拉夫被第三帝国及其卫星国包围着。德国步兵及山地部队聚集在南斯拉夫北部边境，并于4月10日越过其边境。同时，德国装甲部队从匈牙利、罗马尼亚及保加利亚分头进入南斯拉夫，然后都向贝尔格莱德开进，在那里会师。

经验。具有讽刺意味的是，许多南斯拉夫飞行员与他们的敌人开着同样的飞机，这些飞机都是两国关系恶化之前由德国引进的。当德国飞机飞到南斯拉夫上空时，南斯拉夫的防空炮兵营还以为是本国飞机，所以根本没有开火。在一个保卫首都的南斯拉夫空军中队里，有10架Me–109型歼击机，其中5架在第一场空袭中就被炸毁或是不能起飞了。

这些损失使得保卫者对随之而来的德国空军对贝尔格莱德的轰炸束手无策。轰炸每次间隔2～4个小时，每次出动150架左右的飞机。一位南斯拉夫空军中尉那天下午正在高空驾驶着一架Me–109飞机，他被在他下方飞行的德国空军飞机编队吓呆了。他事后回忆说："我从来没有看见过这么多的飞机在一起飞，甚至在照片和电影中也没见过。"当他从惊恐中反应过来后，立刻尾追上一架掉队的德国轰炸机，并用7.9毫米机枪击中敌机。但是这样的胜利少之又少，根本无法保护贝尔格莱德。德国俯冲式轰炸机以可怕的准确性炸毁了政府办公楼、通信设施及军事指挥中心，使南斯拉夫最高军事指挥机关受到严重破坏，与南斯拉夫各野战军的联系被切断。同时，中程轰炸机地毯式地轰炸居民区，许多人在自己的屋子里被炸死，也有人被埋葬在不结实的防空洞里。罗丝·米切尔在一次轰炸的间歇逃离了贝尔格莱德。在路上，她碰巧看见一个被炸弹击中的防空洞。防空洞被炸了一个大洞，周围是连根拔起的树木，树枝旁散落

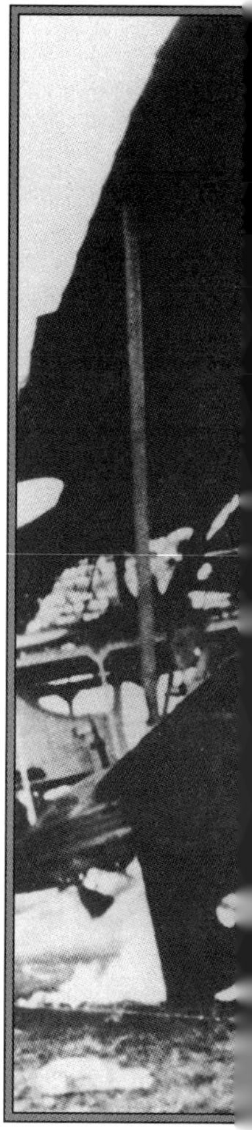

4月6日，在遭到一次德国空袭之后，熊熊火焰吞没了贝尔格莱德附近一个机场里停在跑道上的战斗机。由于一个南斯拉夫背叛者所提供

的消息，德国空军精确地轰炸了遍布南斯拉夫的许多飞机场。4月6日将要结束时，德国空军已破坏或炸毁南斯拉夫超过1/4的战斗机。

的是“人的胳膊、腿和头颅”。

为了配合这次大屠杀，纳粹空军在那天下午向贝尔格莱德投下的多为燃烧弹。燃烧弹爆炸引起冲天大火，能给晚上的侵略者以指引。那天晚上，当米切尔逃到多瑙河北岸的庇护所时，她回望贝尔格莱德，那里就像一个“被火笼罩的城市”。不时蹿起猛烈的火舌，凶猛地燃烧一会儿，然后又慢慢地熄灭。

德军对贝尔格莱德的空袭持续了两天，造成了17000人死亡，50000多人受伤。如此野蛮的轰炸甚至使希特勒的亲信也感到触目惊心，而他们通常是赞成希特勒的惩罚策略的。宣传部长约瑟夫·戈培尔在他4月7日的日记中写道：“不时从贝尔格莱德传来可怕的消息。”但是他对南斯拉夫人民没有表示同情，因为他们的领导人胆敢反抗希特勒。“这是他们应得的惩罚。”他在日记中写道。即使希特勒的任何一位军事顾问曾对这次行动感到不安的话，他们也没有时间去仔细考虑它，因为德国军队已经开始一场大规模的错综复杂的战役。

希特勒最终决定征服南斯拉夫，这改变了他原先只准备进攻希腊的巴尔干计划。现在，他不得不部署兵力，同时攻打南斯拉夫和希腊，以避免因巴尔干的战争时间过长，以致会大大影响对苏联的入侵。对南斯拉夫的侵略给德国军队带来了额外的负担，但它同时也给入侵希腊的行动带来了战略上的好处。德国的将军们制订的进攻计划，将不仅局限于从保加利亚及希腊边境的迈塔克萨斯防线困难重重的正面进攻。德军现在可以利用小路进入希腊，这是他们从一开始就想得到的权利，因为希腊、南斯拉夫边界防守力量薄弱，从那里更易进入希腊。希特勒进攻南斯拉夫的决定下达不到24小时，德国最高统帅部已经拟订一个计划，命令陆军元帅李斯特的第 12 集团军的部分军队在保加利亚南部集合，照原计划进攻迈塔克萨斯防线。同时，机械化部队向西进入南斯拉夫，然后掉头向南进入希腊。这个计划意图使迈塔克萨斯防线的守军及仍在阿尔巴尼亚抵抗意大利军队的大部分希腊军队互相不能接应上。但是对希腊的进攻可能存在一个障碍，就是刚到达的拥有 54000 人的英国及英联邦远征军。它包括一支新西兰步兵师、一支澳大利亚步兵师及一支英国装甲旅。但德国最高统帅部相信李斯特的军队能与之对抗。

同时，仓促决定的对南斯拉夫的进攻将继续考验德军的应变能力。因为德国人从与英国的战役中得到过教训，仅把贝尔格莱德摧毁还不够，仅从空中惩罚敌人并不能让南斯拉夫真正投降，必须派地面部队占领南斯拉夫，所以必须在几天之内集结起大规模的军队进攻南斯拉夫。进攻北方边防线的重任落在了魏茨将军领导的第 2 集团军身上。但当冯 · 魏茨在 3 月底接到这个命令时，他的军队正散布在欧洲各地。他和他的幕僚在慕尼黑的指挥中心，他的许多部队在法国。他的第 14 装甲师被派往苏联边界上去准备进攻苏联。接到命令后，这支装甲师匆忙起兵，从公路及铁路隆隆开往匈牙利和南斯拉夫边界，在那里它与从法国开来的第 8 装甲师和第 16 摩托化步兵师会合，组成 XLVI 装甲军团，由菲廷霍夫将军领导。他的军团的大部分部队将从北方进入南斯拉夫，并将向贝尔格莱德开进。他的军队是 3 支进攻贝尔格莱德的军队中的一支。汉斯·莱因哈特将军的独立XLI装甲军团将从罗马尼亚向西进入南斯拉夫。冯·克莱斯特将军领导的从第12集团军分离出来的装甲部队从保加利亚向北进入南斯拉夫。同时，由步兵及山地部队组成的魏茨将军领导的第2集团军将在奥地利集结，越过多山的边界进入南斯拉夫，占领南斯拉夫城市萨格勒布，以保证占领其西部崎岖的边界地区。

德国的纳粹空军4月6日发动“惩罚行动”的时候，许多受命赶往南斯拉夫的部队距离南斯拉夫还有几天的路程。第12集团军也从保加利亚起兵向南斯拉夫行进。但是一些于4月6日早晨先期抵达南斯拉夫北部边界的德军却不愿无所事事地等待他们的战友。他们抓住机会占领了边界的一些桥梁，以防止南斯拉夫军队来攻打他们。现在，一些德国军队开始探查敌国领土。他们当中有些是遵照上级命令，而有些则是按照自己的意愿来行动的。

在这些探查的部队当中，有些人隶属于一支代号为“魔术火焰”的特殊进攻部队。他们的任务是确保第三帝国及南斯拉夫边界上重要军事地点的安全，一直到第2集团军准备好发动它的主要攻势。这支特殊部队中的一位上尉派尔顿按照命令占领了穆尔河上的一个重要边界桥梁。之后，他和他的属下就变得不耐烦起来。从这座桥开始向南有一条路通向南斯拉夫小镇马里博尔，然后再走10公里，就是萨格勒布。4月6日凌晨以前，派尔顿领着他的人没有遵照任何上级命令开始向南斯拉夫境内前进，他们想夺取那里的一座高地，进攻很快以他们的胜利告终。派尔顿受到胜利的鼓舞，临时决定两天后进攻马里博尔镇。两天后，派尔顿带兵向南穿过两边是积雪的山峰的小路，坐充气的筏子渡过马里博尔北面的一条河，在傍晚前占领了这个镇，一路上他们没有遭遇过什么激烈的抵抗。

派尔顿的上级并没有打算为他的功绩而奖励他。正规部队占领了马里博尔之后，派尔顿和他的手下被召回北部边界。他们在以后的整个战役中都在边境巡逻，这项工作没有任何光荣可言。但是派尔顿的成功清楚地证明了南斯拉夫的领土可以多么容易地被占领。另外一支隶属于第 183 步兵团的自行车支队骑车攻进一个在马里博尔东北面的名为穆尔斯卡索博塔的镇子，没费一枪一弹就占领了该镇。

即使有些地方的南斯拉夫士兵起来抵抗，但也很快被打退。一支德国山地步兵连占领了一个边境南部的偏僻村庄。夜里，他们被从树林里冲出的南斯拉夫士兵激烈的射击吓醒。南斯拉夫人还向他们不断地投掷手榴弹。大多数德国士兵都被指定在村庄边缘的房屋里宿营，他们不得不在黑暗中寻找自己的武器并还击。据这个连的一个人后来回忆，几个睡眼惺忪的机枪手冲出屋去迎战敌人，他们“仅穿着内衣、靴子，戴着钢盔”。尽管如此，他们的反攻还是奏效的。南斯拉夫的这次没有组织好的进攻很快被打退了，“他们很快消失在树林中，留下几具尸体和一些装备”。

南斯拉夫北部脆弱的防守反映出中央政府对这个地区无力的统治。当地南斯拉夫驻军几乎无法从当地的大多数人——克罗地亚人那里取得任何帮助，因为他们对贝尔格莱德塞尔维亚人的统治持敌对态度，并希望德国能给他们带来一些更好的事物。而且当地驻军也无法从边界地区许多德国族裔那里取得帮助。一个随着德国前卫部队进入南斯拉夫的奥地利籍士兵回忆起当地那些与他有着同样文化与语言的居民对他们的欢迎时说：“当我们刚进入那些镇子时，我们被当作解放者受到欢迎，他们给我们送来鲜花和酒。最初的几天，就像一场充满鲜花的战争。”

而且，德国人的支持者不仅仅局限于平民百姓。南斯拉夫的第 4 集团军——他们负责南斯拉夫和匈牙利边界守卫——包括大批的克罗地亚人。他们在德国人入侵之后，几乎不曾受任何激励就起兵反抗他们的政府。4 月 6 日，当菲廷霍夫将军的 XLVI 装甲军团的先头部队就要到达时，他们在穆尔河和德拉瓦河上都建立起桥头堡以准备迎接德军的到来。当感到南斯拉夫军队不久将溃败时，克罗地亚士兵在几个重要的军事地区叛变，使得南斯拉夫的抵抗者们从本已危险的境地跌入绝望的深渊。

就这样，德国人在战役开始的前几天就使南斯拉

德国 LI 步兵军团没有被断桥吓倒，而且继续向萨格勒布前进。他们在临时搭建的对他们来说异常珍贵的桥上，渡过波浪滚滚的德拉瓦河。在南斯拉夫其他地方，锐气大挫的南斯拉夫军队将许多重要桥梁原封不动地放弃了，让德军得以顺利通过。

夫士气沮丧，陷入一片混乱。同时，大批德国侵略军源源不断地向南斯拉夫前进。到 4 月 9 日晚上，魏茨将军的第 2 集团军已经在南斯拉夫边界集结完毕，等待攻打他们已步履蹒跚的敌人。第二天凌晨，步兵师和装甲师就越过边界，向他们的目标快速推进。在马里博尔镇附近驻扎的南斯拉夫第 7 集团军中的大部分军队已经向萨格勒布撤退，仅留下很少一部分军队掩护撤退。在从空中的侦察中得知这一情况后，魏茨将军命令他的 LI 步兵军团派出一支摩托化部队去追击南斯拉夫军队。这支飞速前进的队伍一路上必须和山路上的雪崩及山谷中上涨的河水做斗争。尽管如此，4 月 11 日下午，魏茨的这支先头部队就到达了萨格勒布。那里的守卫者面对强大的敌人，根本无意抵抗，很快宣布成立一个克罗地亚独立邦，并号召军民停止一切针对占领者的敌对行为。

在南斯拉夫东面，呈叉子形状往贝尔格莱德开进的德国装甲部队也已接近他们的进攻目标。菲廷霍夫将军的 XLVI 装甲军团中的坦克部队于 4 月 10 日已隆隆开过匈牙利边界。在他们向南方进行的过程中，几乎没有遇到抵抗，因为守卫那个地区的南斯拉夫第 4 集团军早已溃逃。4 月 12 日早晨，德国第 8 装甲师抵达萨瓦河，那里在贝尔格莱德以西 40 公里。莱因哈特的 XLI 军团那天晚上到了距贝尔格莱德更近的地方。XLI 军团从罗马尼亚边界出发到达多瑙河上的潘瑟沃市，其在贝尔格莱德东北 12 公里。往贝尔格莱德开进的第三支德

一个德国摩托车侦察部队在克罗地亚人节日般的夹道欢迎中进入萨格勒布。因为反对塞尔维亚人在南斯拉夫的统治地位，许多克罗地亚人将德国侵略者视为解放者来欢迎。

军是克莱斯特的装甲部队，那天刚行进到贝尔格莱德东南 40 多公里处。他们从保加利亚边界出发，经过塞尔维亚的中心地区。那个地区对入侵者的抵抗是最顽强的。

德军最高统帅部早就意识到克莱斯特的部队在前进途中会遭到坚决抵抗，所以在 4 月 8 日凌晨就命令他的部队越过边界，那天比德国对南斯拉夫发动全面进攻的日期提早了两天。在大炮和德国空军的支援下，克莱斯特的装甲部队穿过由掩蔽壕及反坦克炮兵部队组成的坚固防线。这条防线是由南斯拉夫第 5 集团军中顽强的塞尔维亚人控制的。在穿过一个陡峭的山谷之后，德军先头部队于 4 月 9 日占领了尼什市。庞大的坦克在路上

德军第 11 装甲师于 4 月 9 日穿过尼什市。装甲车隆隆开过一辆燃着大火的南斯拉夫军用卡车。道路两边都是南斯拉夫军队放弃的装备和武器。这个师是克莱斯特军团的先头部队。他们用 4 天时间走完剩下的 140 公里，到达贝尔格莱德。

留下深深的印迹，使本已陡峭的山路变得更加崎岖不平，以至于不得不用牛车拖拽德军的供给车辆。4月10日，克莱斯特的装甲部队从尼什出发向西北方向前进，准备穿过摩拉瓦河谷，往贝尔格莱德开进。路上，他们遭遇了小股南斯拉夫人的顽强抵抗。在克拉古耶瓦茨有一座重要的南斯拉夫军工厂，它的领导者极为勇敢。在德军坦克隆隆开来时，他把军械库中的武器分发给他的几千个雇员。其中一些人在德军进城前就把武器扔掉了，但另外一些人在那年夏天反抗德军的游击战中利用这些武器与德军作战。他们的行动遭到德国占领军的疯狂报复。最终，游击队比南斯拉夫正规军队给德军造成了更多的麻烦。

当克莱斯特的装甲部队接近贝尔格莱德的时候，他们发现路上有一些建有防御工事的村庄，很像德军在法国作战时见过的防御工事。例如，一个名为纳塔林茨的小镇就是一个延伸开来的坦克陷阱。这个小镇在镇周围挖出深沟，并利用砍倒的大树建成防御工事。另外，工事上设有炮台。这个小镇的指挥所设在教堂的瞭望塔里。克莱斯特的坦克部队指挥官已经在与法国的战斗中得到教训，因此他们派领头的坦克进攻小镇，但随后的装甲部队都转变方向，避开这个小镇，向首都进发。支援的步兵赶上帮助那些坦克进攻小镇。

占领贝尔格莱德的功劳落在了党卫队上尉克林勃格和他领导的摩托连身上。这个连隶属于党卫队帝国摩托化师，它是从罗马尼亚开出的莱因哈特军团的一部分。4月12日清晨，上尉克林勃格从潘瑟沃出发，沿着多瑙河北岸，率领他的先头部队到达贝尔格莱德城下。他们要攻打贝尔格莱德，必须先渡过多瑙河。但他们的前景并不乐观，涨水的河流将他们与已遭受严重破坏的城市阻隔开了。他们本希望能够通过河上的一座桥渡河，那座桥是德国空军轰炸时特意留下的，但桥已被敌人破坏了。而且他们既没有带渡河用的筏子，也没有带任何建桥装备。然而，他们很快发现了一个可以用来渡河的工具，克林勃格决定试一试。他的手下在北岸发现了一艘摩托艇。那天中午，上尉带着一位排长、两名中士及5名列兵开始渡河，向首都进发。当汹涌的河水使船撞上已废弃的一个桥墩时，他们差点落水。但他们成功地让船继续前进，到达对岸。克林勃格派两个人坐船回去接他们的增援人员。然后，他打定主意，准备带着他很少的部队攻占敌人的首都。

有两个因素促使克林勃格做出这个决定。首先，贝尔格莱德因前几天的轰炸已陷于混乱当中。其次，贝尔格莱德准备迎接的是大规模的进攻而不是小规模的偷袭。克林勃格一上岸，他的小部队就遇上了一支由20名士兵组成的南斯拉夫小分队。这支小分队被突然到来的德军吓得目瞪口呆，没有反抗就投降了。过了一会儿，又有几辆南斯拉夫车辆迎上来阻挡他们。经过短暂的交火，克林勃格的人将这些车辆占为己有。一个德国

党卫队的士兵穿着迷彩服渡过宽阔的多瑙河到达贝尔格莱德。同时，其他的德国部队也已接近贝尔格莱德。党卫队上尉克林勃格（上图）带领第一支小分队抵达贝尔格莱德，并以很少的人于4月12日占领南斯拉夫首都。由于他所取得的功绩，他被授予骑士十字勋章。

族裔的人自愿做他们的向导和翻译，在他的帮助下，克林勃格带领他刚配备了车辆的小部队向南斯拉夫国防部进发。路上，他们所见的是地狱般的景象，被燃烧弹袭击过的兵营的火还没有熄灭，被炸毁的房屋上布满了死者的尸体，散发出阵阵恶臭。克林勃格率领他的部下直抵国防部，发现那里空无一人。整个贝尔格莱德已经没有任何南斯拉夫高级领导人。从国防部出来，克林勃格赶往德国公使馆，在那里他受到使馆陆军武官的热情迎接。他在轰炸期间一直留在贝尔格莱德。下午5时，他们打开一面德国纳粹党党旗，挂在公使馆的空旗杆上，宣告德国已占领贝尔格莱德。两个小时之后，贝尔格莱德市长和其他地方官员出现在公使馆，正式宣布投降。

一直到4月13日凌晨，德军装甲部队才进入贝尔格莱德支援克林勃格。

克林勃格上尉由于大胆与鲁莽所取得的成功是德国对南斯拉夫整个战争的特点。从开始到结束，德军的入侵行动与其说是一场军事战争，不如说是一次精心组织的恐吓活动。4月17日，南斯拉夫政府宣布投降。在此两天前德军占领了萨拉热窝，那里的战斗是南斯拉夫最后的官方抵抗行动。德军可以向他们自己的胜利表示祝贺，因为他们以极小的伤亡占领了一个与英国差不多大小的国家。德军在对南斯拉夫的战争中仅伤亡558人，其中有151人阵亡。但希特勒和他的将军们并未准备庆祝胜利，因为在巴尔干半岛的南端有一场更加艰难也更重要的战争正如火如荼地进行着。

与对南斯拉夫的散漫、缺乏组织性的地面进攻不同，德军对希腊的战役于4月6日凌晨像火山一样爆发了。德国第12集团军从他们位于保加利亚西南部崎岖不平的驻地分成几路向希腊进发。其中向西进发的德军前进的速度最快。德国装甲部队从侧翼沿两条路线进攻。其中一支将穿过南斯拉夫东南角到达瓦尔达尔河谷，然后抵达希腊的重要港口萨洛尼卡。另外一支将经过南斯拉夫城市斯科普里，然后经莫纳斯提尔到达希腊中部。同时，弗兰茨·伯梅将军的XVⅢ山地军团的经过特别训练的山地步兵师从正面发动了对迈塔克萨斯防线的进攻。迈塔克萨斯防线是由隐蔽壕及野战工事构成的一条

## 军服的功劳

德国山地师的士兵之所以能攻下希腊寒冷而多山的迈塔克萨斯防线，要部分归功于他们特殊的衣服和设备。除了一个防水的夹克（下，右），他们还穿着一件羊毛束腰外衣，厚厚的、滑雪样式的裤子和防滑的登山靴。羊毛的绑腿能防止雪进入他们的矮帮靴子。

军官的着装与士兵基本一样，只是多了一件军用外衣（下，左）。外衣上徽章外围镶着淡绿色的绲边。当不戴钢盔时，所有人都戴着一顶登山帽（最左边），帽子的两边可以放下来遮住脖子和耳朵。

一个山地士兵的帆布背包（下图），用来装衣服、私人物品、高能量的配给食品和登山用的工具，像岩钉、能够系带的鞋底尖钉、凿冰的成套工具、一件又可做雨披的斗篷，以及一条轻便的登山绳。冰斧还可作为拐杖使用。

复杂的难于攻打的防线，它将马其顿与保加利亚分开了。

在准备攻打迈塔克萨斯防线的敏捷的山地部队中，有一支是由尤利乌斯·林格尔将军率领的第5山地师，他们的任务是粉碎这条防线上斯特鲁马河西面的一条重要封锁线。林格尔的士兵自豪地称自己是“山羊”。他们从保加利亚边境上的佩特里希镇出发，沿着蜿蜒的山路到达他们将发动进攻的地点。他们用运货马车装载着弹药与军需品在树林的掩护下前进，沿途迈塔克萨斯防线上的希腊人没有发现他们。在这令人极度疲劳的行军途中，德国士兵被教导要通过观赏沿路风光来放松自己。沿路有积雪覆盖的山峰，点缀着报春花的草地，以及远处山谷中刚开花的杏树和无花果树。但是当战役开始前一天的夜幕降临时，他们都对即将开始的残酷战争感到紧张。对许多人来说，这是他们参加的第一场战役。夜里的寒风低吟着穿过头顶的树枝，他们很难入睡。一些人感到自己的胃因恐惧而翻腾着；另外一些人受着饥饿的袭击。一个大块头的机械师士兵在半夜时开始吃自己的随身干粮并打开一些肉罐头。“我不知道什么时候就会被敌人干掉，”他向同伴解释说，“如果这些东西被浪费就太可惜了。”

珐琅制的山地部队领导者勋章（上），1936年被批准使用，用来奖励军官或那些具有优秀品质和领导能力的山地部队士兵。他们必须通过一个严酷的登山训练课程，并作为一个合格的山地士兵至少服役过一年才可能获得这种奖章。所有山地部队士兵都佩戴的徽章（下）——火绒草被缠绕在一起的登山绳所环绕——戴在右边衣袖上。

6月4日凌晨5时，这支部队已准备发起进攻。他们把步枪挎在胸前，将其他的工具——克丝钳、信号枪、掘壕工具及手榴弹都挂在皮带上。不久，德军的反坦克炮及野战炮一齐向上面的希腊军事堡垒开火，枪炮声在山谷里回响。隆隆炮声之后是片刻的沉寂。短暂的安静之后，轰炸又开始了。德国俯冲式轰炸机开始向敌人的阵地猛投炸弹，轰炸机刺耳的声音充斥在空气中。炸弹在山岭上爆炸，激起层层沙砾，形成一团团土黄色的薄雾笼罩在各个山顶。在德国轰炸机还在向敌人阵地投炸弹的时候，这支山地部队钻出隐蔽的树林，开始攀上积雪的山坡。希腊人已经把山坡上的树木都砍光了，以利于希腊炮手射击。当进攻者接近希腊士兵的掩蔽壕时，遭遇到炮火的阻拦。虽然火力不强，但这说明希腊人用钢筋混凝土建成的掩体经受住了德军炮火的洗礼。德国人不得不开始猛攻，以夺取希腊人的阵地。

在后来的几个小时当中，这支山地部队开始在希腊人的防线上挖洞，将希腊人从一些侧翼阵地的战壕里驱逐出去。工兵们炸开一个又一个炮台，或用火焰喷射器烧焦希腊炮手。大约中午的时候，其他的希腊人调来大炮反击，炮轰使德军死伤许多士兵，但是对希腊人自己却没造成什么损伤。德国山地部队在山坡上暴露于敌人炮火之下，不得不缩进希腊人丢弃的战壕里躲避炮火。从下午到晚上，希腊士兵不时从他们的隐蔽处钻出来试图将德军从他们找到的庇护所中赶出来。但是德国的这支第 5 山地师始终坚持在那里。在夜里他们得到增援，因此在第二天凌晨又鼓起斗志发起进攻。他们紧紧抓住结冰的光滑的山石往上攀缘。他们炸掉一个又一个掩蔽壕，或者烧死那里的士兵。

4 月 7 日晚上，大批德军从迈塔克萨斯防线上的宽广的突破口涌入，向南方的平原挺进。在这场残酷的战役中，这个师有 160 人阵亡，比德军在整个对南斯拉夫的战争中死亡的人数还要多 9 人。

同时，德军的第 6 山地师在第 5 师的右侧向希腊发起进攻。他们找到了一个出人意料的妙计。他们踏着深深的积雪爬上一座 7000 英尺高的山脉，这条山脉是迈塔克萨斯防线的延伸，但是由于它距离迈塔克萨斯防线的重要防御地区很远，而且海拔很高，所以希腊人认为这条山脉是不可逾越的。德军越过那里警戒力量薄弱的希腊阵地，从山脉的南面下山。他们于 4 月 7 日到达了多伊兰东面通往萨洛尼卡的铁路线上。然而，这支山地部队距离萨洛尼卡还有较长的一段距离。这时，第 2 装甲师的先头部队——一支装备更精良的小分队将完成占领萨洛尼卡的任务。第 2 装甲师隶属于伯梅将军的军团。

德国装甲部队的快速前进与德国步兵的艰难行进非常不同。第 2 装甲师机智地从迈塔克萨斯防线的一端绕过去。他们向西前进，于 4 月 6 日到达南斯拉夫的斯特鲁米察镇，路上他们仅遭遇了很少的抵抗。然后装甲部队向南前进，到达希腊边境。希腊一直被来自它的老对手——保加利亚人的威胁所困扰，所以对它与南斯拉夫的边界疏于防范。德国装甲部队很轻松地越过希腊边界。在多伊兰湖附近击退一支希腊摩托化步兵师的阻击后，第 2 装甲师的先头部队于 4 月 9 日早晨在没有发生任何战斗的情况下占领了萨洛尼卡。德国装甲师的胜利给希腊第 2 集团军带来了灭顶之灾。希腊的这支部队在迈塔克萨斯防线上刚遭到重创，现在又被切断了退路。所以就在当天，第 2 集团军的指挥官向德军无条件投降。

另外一个毁灭性的打击也将落在希腊人和他们的英国盟友身上。在莫纳斯提尔河谷的北端，德国的格奥尔格 · 施图姆将军准备派他的 XL 装甲军团的先头部队于 4 月 10 日越过希腊边境。莫纳斯提尔河谷是由南斯拉夫进入希腊中心地区的战略要道。施图姆的装甲部队的前进跨越了广阔的地区。他们从保加利亚出发向西进入南斯拉夫，于 4 月 7 日占领了南斯拉夫的斯科普里。然后他们向南经过普里莱普和比托拉到达希腊边界。他们飞速的进军严重威胁到在阿尔巴尼亚的希腊第 1 集团军。即使面对德军的威胁，希腊政府也顽固地拒绝撤回第 1 集团军的任何部分，因为他们不愿向他们痛恨的意大利人做出退让。因此，在阿尔巴尼亚的希腊军队冒着被德军装甲部队切断退路的危险，就像迈塔克萨斯防线上的希腊士兵一样。德军已将迈塔克萨斯防线上的希腊军队与其他地区的希腊武装隔绝开来。

能够阻挡施图姆装甲部队前进的仅有新组成的同盟国的 W 集团军。这支部队由英国及英联邦的军队和缺乏战斗经验的希腊的两个师组成。鉴于德军已经占领萨洛尼卡，这支部队的指挥官梅特兰·威尔森将军认为继续防守希腊的西北边境已毫无用处，他决定另外建立一道弧形防线。这条防线将东起爱琴海海岸，在奥林匹亚山附近，西到阿利阿克蒙河。这条防线的建立将把希腊北部让与德国，但能守卫住所有通往雅典的道路。为了推迟德军的进攻，威尔森派出一支殿后部队守卫在德国装甲部队进军的路上，那里在迈塔克萨斯防线西南90公里。威尔森将军还派一支英国皇家空军中队在需要时支援殿后部队，空军中队的基地设在他将建立的防线以南。这支殿后部队的任务是“尽可能长时间”地守在那个位置阻击德军，“无论如何，至少坚持3天”。

于4月10日首先穿过莫纳斯提尔河谷的德军是一支以希特勒的名字命名的党卫队摩托化步兵旅。4月10日早晨，当这个旅的士兵骑着摩托车穿过河谷时，他们发现他们的前进是如此容易。他们被这种错误的安全假象所迷惑，其中一个连在希腊边境上一个名为尼基的村庄停车休息。在给他们的车辆做好伪装之后，他们脱下衣服，跳到一条流经村庄的河里去洗澡，这是他们非常需要的。“在溅起的水花及肥皂泡当中，”其中一位士兵回忆说，“我们发现3架英国布里斯托尔轰炸机从南面向我们飞过来。”这些洗澡的士兵并不知道德军已在附近的镇上建立起防空炮兵阵地。德军高射炮很快就向这几架轰炸机开火。“第一阵炮火使两架飞机坠落，第三架在返回途中也被击中，冒着浓烟向地面冲下去。”一名德国士兵回忆说。

身上还淌着水的士兵们没来得及穿衣服就跳上岸。“我们拿起武器装备启动车辆，往前冲去。”这位士兵接着回忆说，“我们在路上穿上衣服及伪装，慢慢平静下来，不再慌乱，全速向前开去。后来又有一座遭到破坏的桥挡住我们的路。设法过桥之后，我们继续前进，当路过下一个村庄时已经是黄昏时分。这个村庄也在敌人大炮射程之内。”

第二天清晨，也就是4月11日，德军的这支党卫队先头部队穿过韦维镇之后遇到强大的敌人——同盟军的大批殿后部队。他们守卫着一个狭窄的峡谷，峡谷两边是3000英尺高的山脉。此部队先进行试探性的攻击，但没有成功。然而，德国第9装甲师的坦克于第二天早晨也开到峡谷附近。那天下午德军对同盟军发起强大的攻势，第33装甲团成功穿过同盟军的防线。同盟军的殿后部队开始撤退，他们为威尔森将军将要建立的弧形防线赢得了足够的时间。但他们的行动并不能帮助陷在阿尔巴尼亚的希腊第1集团军。一直到4月13日，希腊第1集团军才开始从阿尔巴尼亚撤退，但为时已晚。在同一天，德国的施图姆将军命令第73装甲师向西前进，到位于卡斯托里亚的交叉路口去拦住希腊第1集团军的撤退道路。48小时后，德国军队就占领了卡斯托里亚，阻挡住了第1集团军最直接的撤退道路。同时，

## 希腊、德国机动力测试

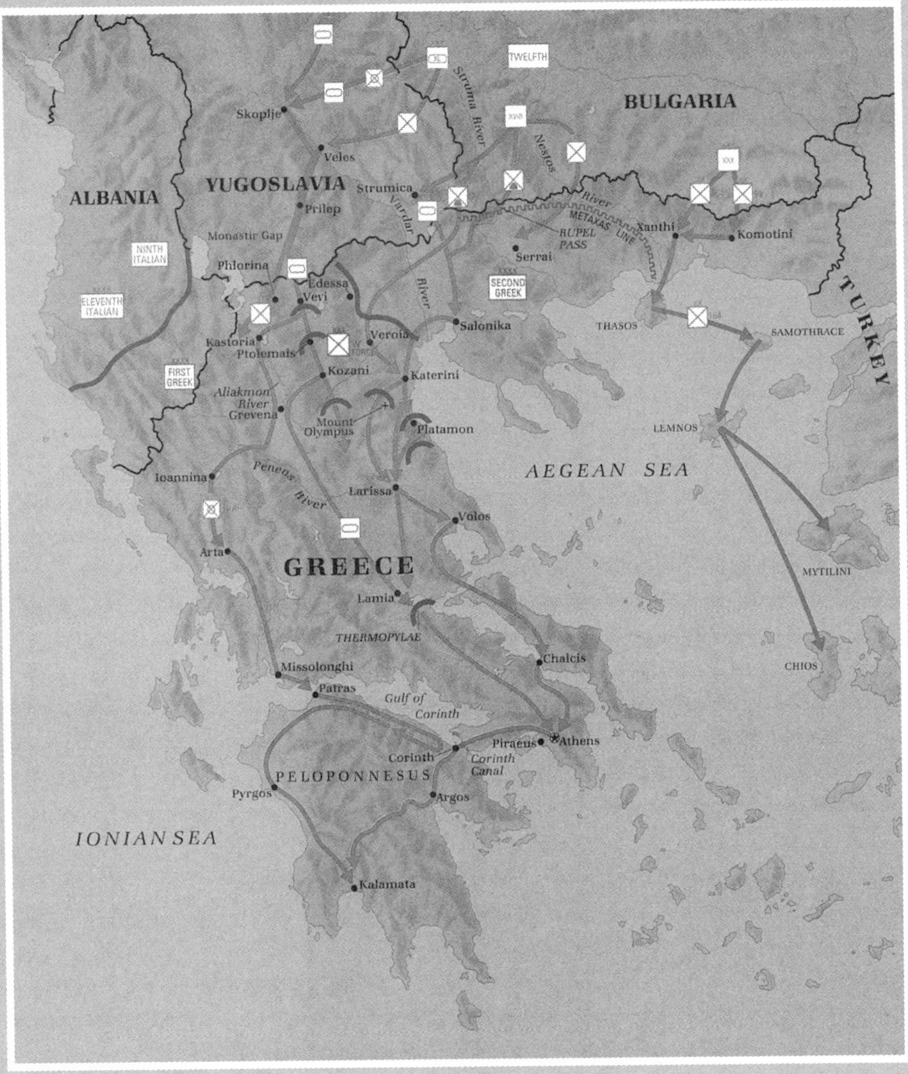


4月6日开始的对希腊的入侵证明德国部队即使在艰难地形上也能不断前进。当山地部队从保加利亚向南面的迈塔克萨斯防线前进的时候，装甲部队向西穿过南斯拉夫进入希腊。第2装甲师于4月9日抵达萨洛尼卡。XL装甲军团于第二天到达莫纳斯提尔。其后的两个星期，德国坦克部队一部分穿过希腊中心地带，另一部分沿东海岸前进，一起会合于温泉关，然后开往雅典。一小部分军队转向西前进，封锁在阿尔巴尼亚的希腊军队的退路，然后他们又向南去占领伯罗奔尼撒以保卫希腊周边的岛屿。

部分德军还向亚得里亚海前进，去封锁住希腊军队的另一条撤退道路。最终，希腊军队别无选择，只有投降。

当施图姆军团的部分军队向阿尔巴尼亚前进的时候，剩余的部队跟随第 9 装甲师向雅典进发。与正在接近弧形防线的庞大的德国装甲部队相比，威尔森将军仅有一个坦克旅，力量要弱得多。这支坦克旅守卫在托勒密以南，意图阻挡住正在接近的德国装甲部队。英国工兵已经在德军前进的路上建成了一个天然的坦克陷阱。他们先炸毁了一座桥，这座桥横跨一条 6 英尺宽的小溪，小溪深 3 英尺。任何坦克只要一陷进去就很难出来，只能成为小溪周围山上英国大炮的靶子。

13 日中午刚过，当德国第 33 装甲团前进到陷阱附近时，它的指挥官立刻就意识到，任何企图跨越陷阱的行为都是自取灭亡。只有一条路能让德军装甲部队绕开陷阱，但走那条路需要穿过一片沼泽，而那里被认为不适于坦克行进。德军装甲部队的指挥官决定赌一次运气。德军坦克转变方向，开始穿越那片沼泽地。他们在敌军断断续续的炮火中以极慢的速度前进。几辆坦克陷于沼泽中，但大部分坦克经过艰难跋涉穿过沼泽，成功地到达了干燥的土地上。越过沼泽之后，装甲部队借助厚密树丛及起伏地势的掩护，躲开了敌军的视线。黄昏时，他们突然出现在同盟军坦克旅的侧翼，并向其开炮。英军坦克掉头反击，但是没有胜利的机会，因为德国战斗机出现在远方的空中，并很快赶到，向底下的英国装甲

图上为正赶往卡斯托里亚去阻截在阿尔巴尼亚的希腊军队的德国士兵。最前面的士兵手拿炮身准备放到指定位置，中间一个士兵背着迫击炮

的双足支架，最后一个士兵扛着炮弹。这支部队于4月15日占领了卡斯托里亚，并使12000名希腊士兵成为俘虏。

部队发起极其准确的猛烈轰炸。傍晚，英国守卫部队开始撤退，在阵地上扔下32辆被炸毁的坦克。这是德国与希腊的战役中第一次也是最后一次装甲部队的对抗。

当英、德两国军队在托勒密激战正酣时，威尔森将军并不情愿地做出了一个决定。虽然他东起奥林匹亚山，西到阿利阿克蒙河的防线已经建立起来，但他可以几乎肯定地知道他的士兵并不能坚持多久，因为他们面对的是比他们强大得多的敌人，而且敌人显示出一种能绕过路上任何阻碍的可怕能力。德国施图姆将军装甲军团的前进已经让同盟军感到危险的临近，而且，就在前几天，德国伯梅将军的 XVⅢ山地军团已在萨洛尼卡重新集结，正向爱琴海海岸前进。如果两支德军当中的任何一支像钳子一样将威尔森将军的防线钳断，那么整个英国远征军就会面临一场敦克尔刻似的大溃败。威尔森无法期待从地中海的任何地方得到支援。实际上，希腊军队总司令帕帕戈斯将军非常肯定希腊终将失败，所以劝告英国撤军，以使希腊免于更大的战争摧残。在这种情况下，威尔森觉得有必要听从他的劝告，并命令英军有组织的撤退。他可以命令殿后部队守住弧形防线，让他的大批部队有足够的时间撤退到在温泉关——历史上著名的通往雅典的重要关口。这样，温泉关将成为不幸的远征军在坐船撤退到克里特岛或亚历山大港之前的最后一道防线。

威尔森将军在希腊中部抵制德军施图姆军团的计划进展得很顺利。4 月 14 日，在补充完燃料及军火之后，施图姆的第 9 装甲师前进到科扎尼镇，并在阿利阿克蒙河上建立了攻击据点。就在河的对岸，同盟军中的新西兰军队守卫着另一个狭窄的关隘，坚定地阻挡住德军的

德国第2装甲师的两辆坦克，其中一辆冒着浓烟——他们是德军与英军在普拉塔蒙角作战时被废弃在山谷里的。后来一位新西兰人带着赞赏的口气说:“在战争中，很少看到有坦克能穿越如此崎岖的地带。”

前进。新西兰人在那里所设的坦克陷阱及炮兵阵地都是难于应付的，因此施图姆不得不采取一个费时的包围敌人阵地的战术。当新西兰人忙于应付他的部分军队进攻时，他派刚从南斯拉夫赶来的第5装甲师向西绕道，经过格雷韦纳，渡过阿利阿克蒙河的源头，从威尔森将军所设防线的外部通过，然后继续前进。他们所经的道路艰难曲折，用了4天才到达格雷韦纳。这么长的时间，已足够威尔森将军让他西侧的部队安全撤退到温泉关。

与此同时，在威尔森将军所设防线的东段上，情况对那里的守卫者来说已经越来越危险了。4月14日，伯梅的第2装甲师已经到达爱琴海沿岸的卡泰里尼，山地部队紧随其后。他们的前方是普拉塔蒙角。那里的海

在普拉塔蒙角一座古堡废墟（背景）旁与英国远征军打了一仗后，德国装甲部队的坦克正沿铁路线小心地行进，前往皮尼俄斯。在那里，一个隧道被堵住了，德军坦克不得不离开铁路线，涉水渡过危险的皮尼俄斯河。

岸陡峭，海岸附近是奥林匹亚山，沿岸的一侧斜插入海。德国装甲车在海岸上行进艰难。那里有一座山岭，山上驻守着同盟军的一个营，由新西兰人组成。山上还有4门大炮。他们的任务是守卫威尔森将军的右翼地区。这个营的指挥官被告知他只可能遭到德国步兵的袭击，因为这个地带不适合摩托化部队行进。但是当天色越来越暗时，新西兰士兵从山顶往北望，惊异地看见一个德国摩托化营正沿海岸前进。德军第2装甲师的先头部队，即第3装甲团的坦克紧跟其后。那天晚上，德军对新西兰军队的阵地发起攻击，结果无功而返。

德军对同盟军防线的突破来之不易。4月15日，面对坚强的新西兰守军，伯梅的装甲部队从正面的进攻几乎没有任何进展。同时，德军第304步兵团的一个营向西绕过山岭，将敌人包围起来。第二天早晨，德国军队及坦克像雪崩一样突然出现在敌人的侧翼和前面，迫使新西兰人向海边退却。很快，遭到围攻的新西兰军队向南撤退，到达皮尼俄斯，这是连接内地与色萨利平原的一条通道。对德国侵略者来说，峡谷里狭窄的通道和奔腾的河流是除了温泉关之外的最后一道主要的天然障碍。

两辆陷在皮尼俄斯河漩涡里的德军坦克的炮塔露出水面。德国装甲部队于4月17日与18日在敌军的炮火中渡河。那些成功开到对岸的坦克又要面对新的危险。当它们绕过深深的炮坑时，又会撞到路障上。它们还必须忍受新西兰士兵发射的25磅炮弹的袭击。

在峡谷里，有两个营的澳大利亚士兵及一些炮兵

增援新西兰军队。但是，当伯梅军团的后续部队从萨洛尼卡急速赶到时，德军的进攻力量增长得更快。伯梅将军在他勇猛的第 5 山地师还没有赶到时，就已经派第 6 山地师沿着一条险峻的道路越过海岸边的山岭，从皮尼俄斯东面绕道，到达峡谷西面的出口。第 6 山地师侧面迂回的行进与第 2 装甲师对峡谷正面进行攻击的时间一致。在突破迈塔克萨斯防线时经受过严峻考验的第 6 山地师如今又遇上了新的困难。4 月 16 日，第 6 山地师已经登上一座很高的山岭。一位中士回忆说："山路越来越难走，天很快黑了。我们只能缓慢而小心翼翼地向前挪动，忽然山上下起了倾盆大雨，我一辈子也没有见过这么大的雨。尽管有雨具遮挡，我们还是在几分钟内就被淋透了。一些小溪在我们的左面急速向山下流去。山路上的泥齐膝深。"最后，有一个士兵打响了他的信号枪，照亮了前方的夜空。他们发现前方不到 1/4 公里远的地方有一个小村庄，于是都兴奋地冲过去避雨。

第二天天气好了一些，德国装甲部队开始侦察峡谷的入口。当夜幕降临时，他们已无法发动一次全面的进攻了，但他们已准备好在第二天早上与敌人决一雌雄。4 月 18 日太阳刚升起来时，德国大炮的轰鸣声及机关枪的噼啪声响彻山谷，甚至盖住了峡谷里湍急的河水的咆哮声。德军装甲部队进攻的道路上充满艰难。河南岸的路及河北岸的铁路线都被守军设置了许多障碍。装甲车一被堵住，守军设在山上的炮台就对它开火。德国坦

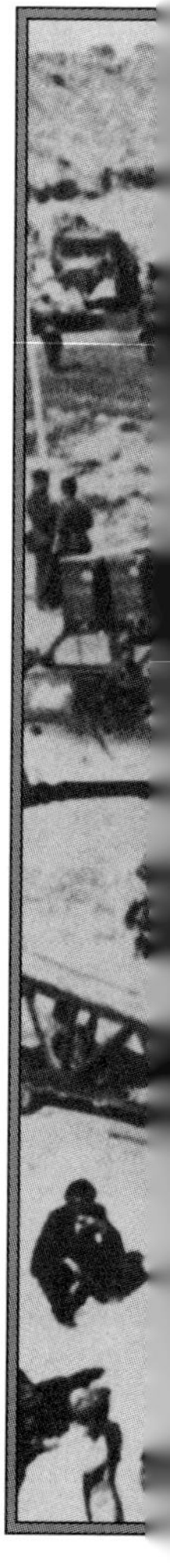

在施图姆将军（照片中左立者）的指挥下，XL 装甲军团的先头部队穿过希腊中心地带，在拉里萨以西的皮尼俄斯河上建起一座浮桥。

克部队的指挥官经受着严峻考验。当德国坦克前进到一个没有堵塞的地方时，一队大约有 15 ~ 20 人的同盟军步兵围住一辆坦克，用步枪及轻机关枪向它连续射击。这辆坦克的驾驶者并不打算因此后退，而是继续开着这个庞然大物往前冲，两个同盟军士兵被碾在坦克底下。英国军队在山上架设的大炮炸毁了一辆又一辆坦克。后面的德军不得不先将这些着火的庞然大物从前进的道路上清除出去，然后才能冒着两边炮火的夹攻缓慢地向前爬行。

如果守卫山谷的同盟军只是受到德军第 2 装甲师直接攻击的话，他们也许能坚持更长时间，但是他们的侧翼和后面还同时受到伯梅山地部队的攻击。整个早晨，德国第 6 山地师一直在往山下走。他们顶着猛烈的炮火，向山谷西面出口的河北岸前进。同盟军在离河岸不远的福音山村设立了阵地，坚决阻止敌人过河，因为敌人过河会使在山谷里阻击德国装甲部队的同盟军受到前后夹击。

一个德国无线电通信员描述了一营山地部队的士兵那天下午是如何渡过峡谷里浑浊和湍急的河流的。“第一个士兵首先从高高的岸上跳下河，然后开始涉过怒吼着的河流，”他接下去写道，“很快可以看见一长队士兵穿过河流，每个人都拉住他前面一个人的腰带。敌人开始倾尽所有地向我们射击。”

这个通信员紧随正在涉水士兵的后面过河。他的行动就更不容易了，因为他及他所在的通信小分队的其他成员必须拖着沉重的通信设备过河，以使这个营能与团总部联系上。他们带着沉重的设备跳下河的第一个感觉是一种畅快感，因为他们全身都在出汗，冰冷的河水令他们感到很惬意。但很快他们就感到在这样的情况下，没有什么好舒服的。“我们必须和激流搏斗以使自己不被河水冲走，”这个通信兵回忆说，“一发发的机关枪子弹落在我们的身前身后。”

携带着设备艰难地爬上岸之后，他们一下子倒在河岸上，直到再次鼓起力量冲进路边的树林里躲藏起来。一到树林里，他们看见在他们前面到达那里的部队正在准备向镇上同盟军的堡垒发起猛攻。这时，德军通信员发现，几辆德军坦克轰鸣着冲出峡谷也参加了战斗。尽管有重重阻碍，德国装甲部队还是突破了同盟军在峡谷的防线。“我们很快建立起我们的电台，”这位通信兵写道，“我自豪地向团总部发出我们营长的消息：本营已经在敌人炮火的严密封锁下胜利渡河，已经到达通往拉里萨的道路。我们自己的坦克已向前方开去。”

峡谷中的守军不能立刻知道峡谷口发生的事，因为他们缺少通信设备，只能单独作战，无法与同盟军其他部队联系。他们的任务就是不惜任何代价守住峡谷，阻挡德军前进。他们当中许多人坚持到日落。他们取得了一定的战果，但也付出了更高的代价：第 21 新西兰营士兵几乎被德军全歼。

同时，在峡谷外，德军正向西南方向急赶，去拦截同盟军的主要力量。伯梅军团用了两天时间穿过普拉塔蒙角。威尔森将军恰好利用这两天时间撤回他的右翼部队，并避开了敌人的包围。但是敌人几乎是跟在他们的脚后跟在前进，以至于他们没有时间去炸毁重要的同盟军供给站。当伯梅将军的先头部队到达拉里萨时，他们发现了大量的燃料和粮食，足够他们用好几天的。

几天之后，德军的两支装甲部队会合于温泉关外。伯梅军团于 4 月 21 日抵达沃洛斯，然后火速开往温泉关西北面的拉米亚。同时，一个星期前由施图姆将军派出的第 5 装甲师也从西北面涌入拉米亚。4 月 23 日，德军侦察部队开始侦察威尔森将军在温泉关的防线。就在那里，古代斯巴达国王率领几百士兵成功阻挡了几万波斯军队的进攻，使得希腊主要力量有足够的时间安全撤退。这个历史上著名的英雄事迹鼓舞着英国首相，他希望在温泉关再次上演相同的一幕。“英雄的故事已成为历史，”他写道，“相同的胜利为什么不能再次出现呢？”

实际上，威尔森将军的殿后守卫部队所把守的地方与古代斯巴达战士所守卫的海岸狭长地带已经大不相同了。千百年过去，海水冲击过来的泥沙沉积下来，扩展了海岸，使得入侵者有了更宽广的进攻道路。而且更为复杂的是，守卫者必须把守两条道路而不是一条，因为温泉关南面的道路分成了两条。一条岔路还是沿着海岸，而另一条则在山上。这样，同盟军的人数不多的殿后部队还要被分成两部分分别守卫两条路。第 6 新西兰旅守卫海边那条路；第 19 澳大利亚旅守卫在斯卡姆诺斯附近，离海几公里远的山上那条路。

德军在温泉关的进攻是按照他们惯用的从正面及侧翼同时进攻的方式进行的。包围敌人的任务又一次落在第 6 山地师身上。它的先头部队于 4 月 23 日抵达拉米亚之后就直接向前开进，开始整夜登山。他们沿着澳大利亚士兵把守的道路西侧的一条小路攀登。他们在大约天明时休息了一会儿，以便让运东西的牲畜有喘息的机会，然后他们就接着等待德国轰炸机去轰炸澳大利亚人的阵地。这支山地部队于上午 9 点左右沿着敌人阵地左侧继续前进，他们很快发现德国轰炸机并没有消灭敌人。澳大利亚士兵从隐蔽得很好的机枪巢向他们射出冰雹般的子弹。德军躲避在沟壑里还击，这样，他们虽然躲开敌人的射击，但前进的速度也慢了下来。直到中午，第一批德军才把澳大利亚士兵从他们的机枪巢里赶走，并插进同盟军的防线。澳大利亚士兵雄心勃勃地试图反击，但是德军刚运到的山地大炮射出的炮火挫败了他们的反击。那天晚上 6 时，守卫者不得不放弃守卫的地方，向南退却。

同时，其他德国山地部队向新西兰军队守卫的海边的那条道路前进。下午晚些时候，当德军山地部队正在新西兰军队的西侧进攻时，一支包括有装甲部队在内的德军混合武装力量正试图向敌人发起冲击。德国坦克要前进，就必须经过一条狭长的沼泽地带。许多地方太软，以至于无法支撑坦克的重量。德国坦克前进速度慢了下来，有些坦克甚至陷于沼泽中无法移动，成了敌人炮火的捕获物。傍晚时，已有超过 12 辆德国坦克被敌军炮火毁坏。

尽管有这样的胜利，守卫者也并未幻想在这个地方能坚持很长时间。在那天下午的激战中，新西兰军队指挥官、陆军少将伯纳德·弗瑞伯格爵士收到一个秘密命令，命令要他带领军队撤往一个上船的地点，显然他的上级认为他的阵地已无法守卫了。弗瑞伯格冷冷地回复说他在战斗，然后继续坚守在阵地上。但是那天夜里，德军的攻势越来越猛烈，随时都有可能摧毁他的阵地。大约午夜时，新西兰军队开始撤退了。

当德军大批涌入温泉关时，英国军队正按计划撤退。合乎逻辑的撤退地点本应是雅典附近的比雷埃夫斯，但那个港口的运输能力在战役的第一夜就被大大地削弱了。从西西里岛起飞的德国轰炸机炸毁了一艘装有 250 吨炸药的英国船只，它又引起了一系列的爆炸，使港口严重受损，其威力将 10 公里以外的房屋玻璃全部震碎。所以，英军不得不依赖于其他一些港口，包括希腊南部的半岛——伯罗奔尼撒半岛的几个港口。那些港口被一条运河与大陆分开了，这条运河将科林斯地峡分成两部分。

德军于 4 月 24 日越过英军在温泉关的最后一道封锁线。德军正向雅典艰难跋涉，车上是参谋人员。希腊崎岖不平的道路

已经耗尽德军备用轮胎。超过 1/3 的车辆无法继续行驶，因此使得战役的最后阶段被推迟了。

德军最高统帅部做出一个大胆的决定，即让两个德国伞兵营在运河附近降落，占领运河上的大桥，以切断同盟军通过科林斯的撤退道路。结果德国空降部队所获甚微，因为等他们到达那里时，大部分开往伯罗奔尼

撤的同盟军已渡过运河。但是有几千名同盟军士兵在科林斯落入德军布置的圈套，成了俘虏，因为他们没有在最后一艘救援船只开走前赶到指定的港口。

与此同时，德军胜利占领雅典。第 2 装甲师的摩托车兵于 4 月 27 日进入希腊首都，他们在雅典卫城升起纳粹旗帜来标志他们的胜利。这些日子以来，希特勒一直乘着他的专列在德军之后行进。对他来说，占领雅典这座古城令人欣喜，但这还不是决定性的胜利。他的军队仅用了 3 个星期就占领了希腊。德军在整个战役中大约伤亡 5000 人，其中有 1100 人阵亡。相反，英国人损失了他们 52000 人的远征军 1/4 的士兵，其中有

德国伞兵于4月26日黎明时降落在科林斯运河旁。占领了运河上桥梁（中）的他们意图截断英军从科林斯运河到伯罗奔尼撒的退路（左）。几分钟之后，一枚英军炮弹落在桥上（右），炸毁了这座桥，并炸死了一些德国士兵。但是到晚上时，德军又建起了一座桥，并且过桥继续追赶英国军队。中间这张照片的摄影者在轰炸中丧生。

11000人被俘，约2100人死伤。死伤者当中大多数是德军空袭的受害者，德国空军在同盟军撤退时炸沉26艘载着士兵的船只。

尽管如此，还是有大约40000名的同盟军士兵安全逃离，他们当中大多数人都乘船到达希腊一个尚未被占领的军事要地——克里特岛。从4月6日开始，德国和意大利船只就泰然自若地在希腊水域来回巡视，为轴心国联盟占有了一个又一个岛屿，但他们都没有注意到遥远的克里特岛。当成千上万名撤退的同盟军士兵将其作为避难所时，希特勒感到很沮丧。只要同盟国还占有克里特岛，希特勒的巴尔干战役就没有结束。同盟国的海军或空军从该岛发动的任何攻势都会危及德国在地中海或欧洲南部的军事行动。德国最高统帅部认为克里特岛必须被占领，他们随之开始制订战斗计划。

英国军事智囊团很快通过截获并破译敌方消息得知了德国人的企图。4 月 28 日，丘吉尔首相在给地中海地区英军总司令阿奇博尔德 · 韦维尔将军的一封官报中详细告知。“很显然，德国空军将于近日轰炸克里特岛，”丘吉尔写道，“请告诉我军在岛上有多少人，多少武器及你的计划。这将是一个消灭德国空降部队的好时机。克里特岛必须被牢牢地守卫住。”

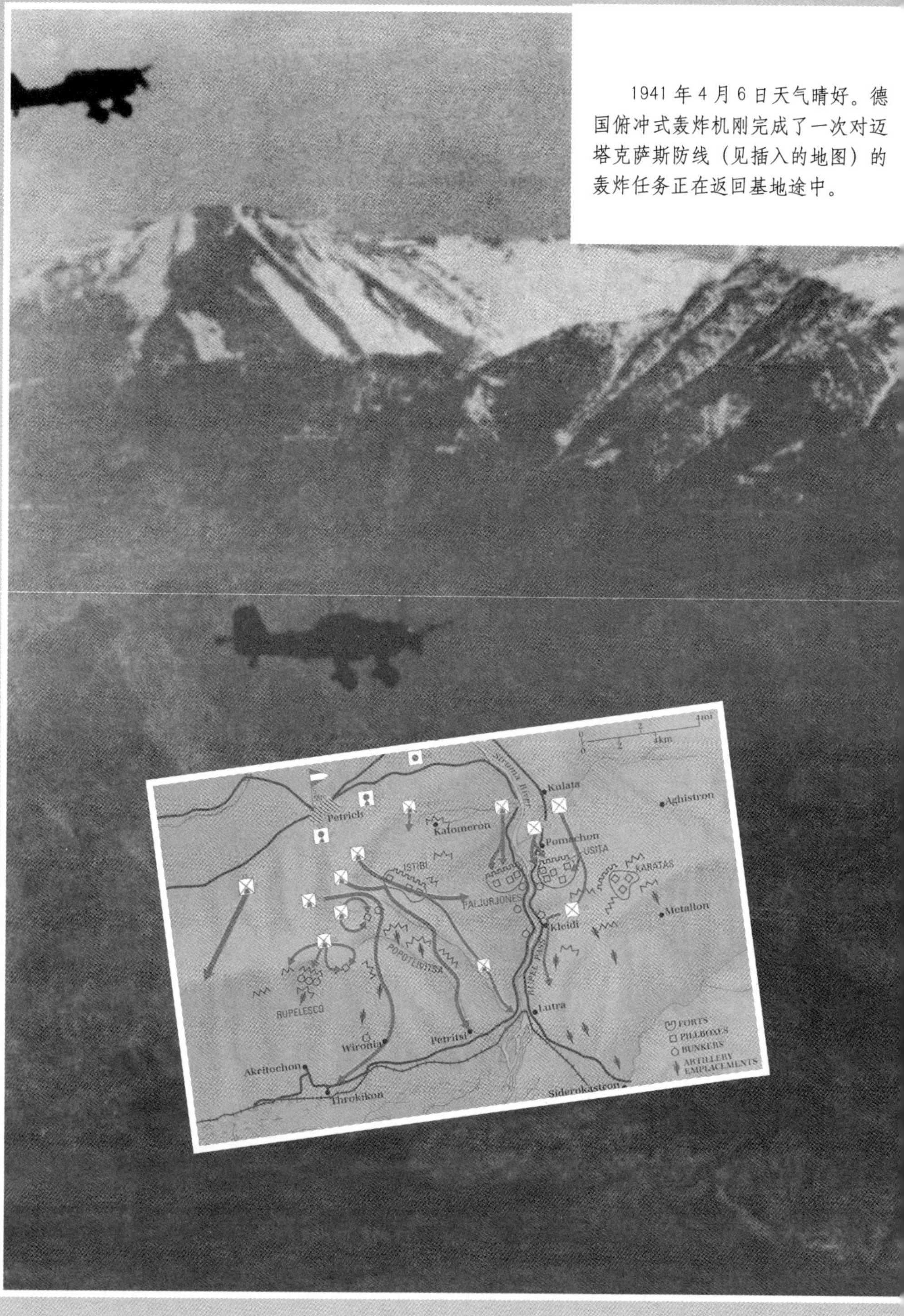


1941年4月6日天气晴好。德国俯冲式轰炸机刚完成了一次对迈塔克萨斯防线（见插入的地图）的轰炸任务正在返回基地途中。

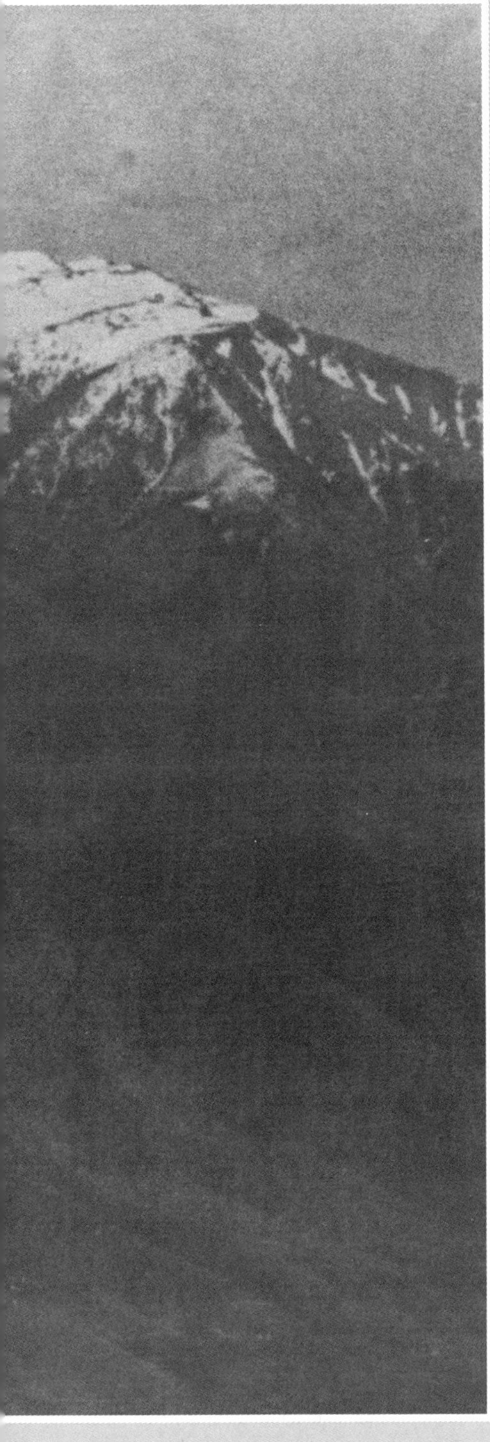

# 袭击
# 山地要塞

1941年4月初被派去对希腊边界发起进攻的德国山地部队面对的是一道高高在上的希腊防线。德军从罗马尼亚出发，经过保加利亚南部，走了250多公里后，到达贝拉斯卡山脉陡峭的、积雪覆盖的山坡（左）。然后他们经过艰苦的作战，穿过了世界上最雄伟的防御工事之一的迈塔克萨斯防线。迈塔克萨斯防线是20世纪30年代由当时的希腊总理迈塔克萨斯下令建造的，作为希腊抵御它的老对手——保加利亚的屏障。这条坚固的封锁线将希腊边境上的许多险峰要隘连在一起。希腊工程师们在边境的山岭上造出许多洞穴状的堡垒，每个堡垒由几个地堡和连接地堡的通道组成。建造在艾斯特贝山上的工事是最坚固的防御工事之一。那里的防御工事由10个高高的堡垒组成，守卫着至关重要的斯特鲁马河的通路。仅在艾斯特贝山一个地方就有500名食物、弹药储备充足的士兵，他们分布在成网状的25个地堡当中。他们有40多架机关枪和几门大炮。地堡中的士兵通过电话和通话管道和一个指挥中心联系，如果必要，他们还可以退入一个迷宫般的通道里。

德军对艾斯特贝山及其邻近堡垒的进攻是从空中的轰炸开始的。但是德国俯冲式轰炸机的飞行员于4月6日黎明在空中执行任务时，发现很难将伪装得很好的希腊防御工事与周围的地带分开。他们投下的炸弹只是给下面的地表带来了变化，但是对敌人的防御工事并没有造成多大的破坏。受空中轰炸的鼓舞以及大炮的支持，德军第5山地师带着他们笨重的工具小心翼翼地向上攀登。起初，他们没有遇到什么抵抗。一个曾攻打过艾斯特贝山的士兵这样描述当时的情景：“黑色的纵队越登越高。他们都直立着身子前进。很显然，敌人还没有从刚受到的打击中恢复过来。”实际上，轰炸没有对希腊人造成多大伤害，他们早已准备好要给德军一个意外的反击。德军不会一直这样轻松的。

一个德国炮兵（图中最靠前者）正给一个150毫米口径的榴弹炮的炮弹上引线。榴弹炮从远处对准了希腊阵地。突击队（插入图片）在炮火的掩护下向敌人的阵地发起进攻。

在德国俯冲式轰炸机和山脚的重型大炮还没有结束对迈塔克萨斯防线的第一轮轰炸的时候，第5山地师已经开始进攻敌军坚固的堡垒。走在最前面的人很危险，因为炮弹刚一落下之后，他们就往前冲，有可能被自己一方的炸弹炸倒。当一轮轰炸结束时，德军很快发现绝大多数敌人的堡垒并没有受到多大破坏。希腊军队从地堡的射击孔里向外开火。

当德军山地部队在寻找敌人薄弱的地点发起进攻时，德国炮兵部队将轻型大炮拖上山，以便在近距离炮轰希腊阵地。这并不是一件容易的事。前面5个人使劲用绳子把大炮拖上山，后面还需要有6个人抬着炮弹。一个士兵满头大汗，气喘吁吁，不得不把抬的东西放在地上休息一会儿。“兄弟，别累着，”一个老兵嘲笑说，“我们那时候带着这样重的东西赛跑。”

这支队伍的指挥官悄声命令停止这个没有恶意的玩笑，让炮手注意前方一堆可疑的树枝。他们对那堆树枝开了一炮，命中目标，伪装被打散了，露出来从敌军地堡射击孔里伸出的两只黑黑的枪筒。既然已经发现目标，德军炮兵就向那个地方开了一炮又一炮，但是这些炮弹都没能粉碎敌人用混凝土建造的堡垒。每当德军一阵炮火过后，里面希腊人的射击都会停一会儿，德军就利用这个有利时机往前冲。

这张图片是一个典型的迈塔克萨斯防线地堡的照片。图中心的地堡被修建得像一个暗礁。通往地堡的陡峭山路被壕沟截断了，地上铺满了带刺铁丝。

为了到达敌人的地堡，德军步兵不得不爬过一段危险的山路。敌人射击孔底下的斜坡上树木都被希腊人事先清除掉了，斜坡上还有许多伪装好的地雷和一丛丛的带刺铁丝。地堡周围的壕沟是德军进攻的第二道障碍。最令德军感到胆怯的是希腊的地堡与地堡之间有通道，如果一个地堡被破坏，里面的士兵可以马上转移到另一个地堡里。

某些地方的地堡里射出的火力强大，正在前进的德国山地士兵不得不蹲下来，躲在轰炸留下来的弹坑里。在瑞佩斯克山的陡峭的斜坡上，德军对攻占敌人被雪覆盖的地堡根本不抱希望。那里的地堡在德军的轰炸中没有受到一点破坏。德军只好采取守势。在其他地方，德军必须匍匐前进，然后用克丝钳剪断铁丝，以便继续前进。在这个过程中，不少士兵被地雷炸死了。

一旦开辟出一条已接近敌人壕沟的小道，德军就先向敌人投手榴弹，打散希腊的狙击手，然后德军就迅速跳进地堡前的壕沟，从那里可以进入地堡。但他们继续前进时，有时会踩到死去的敌人狙击手身上，有时又必须消灭活着的狙击手。在狭窄的地堡通道里，他们前进时必须注意不让自己的头部超出另一个地堡入口的底部，以免被敌人发现。一个德国士兵回忆说：“一旦地势高一些的地堡里的敌人看到我们任何一个人的头盔，就会向我们开枪。”

一个德军侧翼巡逻队选择了一条崎岖不平、覆盖着积雪的山路行进。他们的背包装满了东西，向外鼓起。这条路上敌人防备疏松。

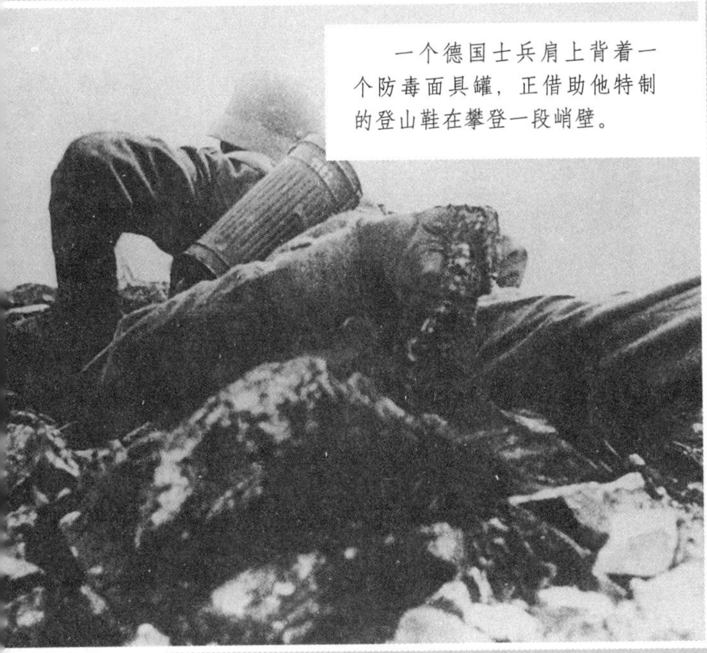

一个德国士兵肩上背着一个防毒面具罐，正借助他特制的登山鞋在攀登一段峭壁。

德军正沿着一条他们占领的靠近一个敌人废弃的瞭望哨的壕沟潜行。

在攻打艾斯特贝山的关键战役中，德军将这样的正面进攻与灵活的侧面进攻配合在一起使用。尽管迈塔克萨斯防线坚固异常，但也并不是牢不可破的。希腊边境的山岭有无数个峡谷隘口，而希腊缺少足够的兵力来把守每一个关口。整个上午，德国山地部队凭借他们坚固耐用的靴子以及靴子底上的尖钉攀登，在险恶的地形中寻找出路。他们当中的一些人年轻时经常攀登巴伐利亚和奥地利陡峭的山坡。相比之下，他们这里所攀登的山坡并不太难，令他们感到行动吃力的是他们随身携带的物品，包括手榴弹、一杆步枪、子弹、睡袋、几天的干粮、挖沟的工具、照明枪和一个装防毒面具的罐子（这个预防措施后来被证明是没有必要的）。尽管有沉重的负担，德国山地士兵还是很快从侧翼攀登到敌人的地堡上面。这时主攻部队正从山坡上对敌人发起进攻，试图占领壕沟。

接近敌人之后，山地部队士兵把他们所有的武器都准备好。他们的机关枪轻得一个人就可以拿动。同时，工兵准备好炸药包——一种捆扎在一起的有手柄的炸药——以便于携带。

这几张图片拍摄的都是德军攻打希腊地堡时所用的武器。武器之一是火焰喷射器（左），它从一种重型坦克上加油，操作者将其用皮带挂在背上。另一种武器是MG34型机关枪(下)，它一秒钟可以发射15发子弹。还有一种武器就是炸药包（右下），它装有手柄，可以握住它的手柄将其扔进敌人地堡的射击孔里。

那些从上面接近一个地堡的山地士兵喜欢的一个战斗策略是爬上地堡射击孔上面的边缘，然后等着里面的希腊人射击暂时停顿的时候，趴在射击孔的上面将炸药包扔进地堡里去。但是警惕的守军有时能挫败他们的意图，因为守军有时会在炸药包爆炸之前，就又把它扔出来。

爬着穿过战壕的德军把炸弹放在连接地堡及地堡通道洞穴的铁甲门前。一个人曾看到4个战斗工兵把他们的炸药集中起来放在一扇沉重的铁甲门前。“他们在离门仅5米远的地方，”他写道，“头盔是他们对马上发生的爆炸的唯一防护物。然后炸弹爆炸了。爆炸带起大量的泥石及爆炸碎片，他们立刻又往燃烧着的入口里面投入一枚烟幕弹和另一个威力不小的炸药包。里面听不到任何声音。”

在那些不能这样近距离进攻的地方，德军就用火焰喷射器瞄准那些地堡的射击孔，火焰喷射器可以喷射出高达8英尺的火焰。火焰喷射器经常奏效，但是德军不能让地堡里仍然活着的敌人投降。敌军幸存者可以退到工事的另一部分，然后等火焰熄灭后又带着增援人员回来，除非地堡被粉碎成瓦砾。除了利用他们配备的先进武器来攻打地堡以外，德军发现另一个有效的方法是往射击孔及其前面的铁丝伪装网之间铲进石头和泥土。

一名德军（上）正守卫着一个已遭破坏的通道的入口。这个通道连接着希腊的阵地。

右图为一个被德军占领的希腊地堡，带着战斗留下的痕迹。用来悬挂伪装物的铁丝网被撕开了大洞，露出了里面支撑地堡的铁架子。地堡的射击孔也被泥石堵住了。

一个当时的攻击者指出，希腊人无法清除堵塞物，那些石头和泥土牢牢地堵住射击孔及铁丝网。“这是对付敌人的好办法！”这个德国人高兴地喊道。

得益于有利的武器及工具，德国山地部队在艾斯特贝山的战斗已接近胜利。这个时候，已被包围住的希腊人改变了战术。他们搬来大炮，装好炮弹，向德军开炮，不顾一切地发起反击。“那时我们已经占领了那座山，”一名德国士兵回忆道，“他们想进攻我们。”德军的机关枪一次又一次地削弱了希腊人的攻势。在希腊军队向德军开火时，德军就隐藏在壕沟里、炮弹坑里及已遭破坏的地堡里。

傍晚时分，德国山地部队所受的压力缓解了，增援部队也赶来支援。整个晚上，不知疲倦的工兵借着奇异的炸弹爆炸产生的火光搜寻残存的地堡。他们或者将地堡射击孔堵上，或者往地堡里投入炸药包。第二天黎明，当山岭上的天空开始变亮时，德军在寒冷的雨雪中冻得瑟瑟发抖。突然，他们听到一声巨大的爆炸声，原来是山顶上作为希腊人的观察站与指挥站的旋转炮塔已被德军炸毁。爆炸带起的大量的钢筋混凝土碎片漫天飞扬。希腊在这座山上最重要的堡垒被炸毁之后，周围的地堡之间基本上都失去了联系，希腊人在艾斯特贝山的要塞注定要被德军攻占了。

德国山地士兵开始进入希腊工事里迷宫般的地下通道，消灭幸存的敌人。但是进展很慢，而且充满危险。上午 11 时 15 分，希腊指挥官不情愿地承认失败，带着他的警备队从地堡里钻出来。

一面战旗在阵地上飘扬着，它预示德军将要占领斯特鲁马河谷。

正等待被转移的郁闷的希腊战俘。他们在希腊陷落之后就被释放了。

希腊守军被打死的并不多，但是许多人受了伤，他们低垂的头和沉郁的脸上刻满了他们毫无成果的苦难。德军本来担心还要在这座山进行血腥的战斗，希腊人忽然投降了，令德国人感到一种突如其来的胜利喜悦。正如一个士兵所说："那是一种非常美妙的感觉，是无法描述的空前强烈的胜利感。"

但是附近其他堡垒的战斗还没有结束。在波波特利维撒山上，勇敢的希腊人离开他们的堡垒，向德军发起猛烈的反攻。有些希腊士兵把德军扑倒，两人一同滚下山坡，一直到其中一个人将另一个人勒死或用刀结束对方的生命。在遥远的瑞佩斯克山上，德军第二天还在战斗。他们因暴露在希腊人的火力之下，损失较大。当那里的希腊人于4月9日晚些时候终于投降时，德军发现在地堡里死去的希腊士兵已经冻僵了，脸上结了一层薄冰。

守卫迈塔克萨斯防线的希腊士兵的英雄壮举并没能改变战争的最终结果。德军于4月7日攻破艾斯特贝山时，就已经确立了在迈塔克萨斯防线的胜利。德军从防线的南坡下山，占领斯特鲁马河谷，以及通往爱琴海的道路。当德军下山时，他们把冬天留在了身后。

当德军经过迈塔克萨斯战役之后，发现山外已是春天。图为德国山地士兵排队经过一辆废弃的希腊小汽车旁。德军正继续向南进军。

# 一支骄傲军队的失败

希腊第1集团军的投降不像一幕希腊悲剧，倒更像一部滑稽的歌剧。这个不同寻常的事件是从1941年4月15日开始的。那时，德国党卫队的先头部队——一支摩托旅引导着德军穿过希腊西北部的山岭，到达重镇卡斯托里亚。德军的出现使正在阿尔巴尼亚同意大利军队作战的希腊军队的殿后部队受到了威胁，而且德军封锁了希腊军队向南撤退的道路和山口。

希腊军队的指挥官乔治·措拉格鲁将军充分意识到他的军队所处的危险境地，因此决定与德军谈判。他派出特使去见德军党卫队的指挥官约瑟夫·狄特里希将军。措拉格鲁的决定有双重目的。他一方面不想让自己的军队再有流血牺牲，他认为那已经毫无意义，因为希腊军队腹背受敌，毫无取胜希望。另一方面，他宁愿与胜利的德军打交道，也不愿向意大利军队投降。他把向意大利军队投降视为耻辱，因为就是他率领希腊军队将意大利军队赶回了阿尔巴尼亚。

狄特里希是希特勒的死党，对希腊整支集团军的投降提议惊呆了。他很快接受了希腊人的投降提议，但这个友好的谈判几乎立刻就被破坏了。一听到希腊军队投降的消息，意大利的独裁者墨索里尼勃然大怒。他对希特勒坚持自己的意见，即意大利必须参与投降条约的签署——这也是措拉格鲁想要避免的。希特勒不想为宽慰战败的希腊人而损害德意间的联盟，于是他否定了他的前线指挥官与希腊军队所达成的协议，向墨索里尼保证实现他的几个可笑的要求。

德国党卫队的摩托化炮兵部队正经过卡斯托里亚湖。

一名德军称其为“仙境”。他们穿过希腊的山地正向南前进。

几个希腊士兵正在等待德军。其中一个士兵穿着漂亮的希腊山地部队军装，打着投降的白旗。

德军党卫队的指挥官狄特里希（中）在他的随从陪同下，迎接措拉格鲁将军及其主要助手。

## 友好的投降提议

在德军和希腊军队初次遭遇时，他们之间基本没有发生什么战斗。德军的党卫队正准备攻打一个重要的山隘时，“正在这时，”一名德国士兵回忆说，“敌军突然停止开火。”几位希腊军官举着白旗从他们的阵地走出来，要求见德军指挥官。

德军很快做出反应，立刻电告总部，德军党卫队的指挥官狄特里希很快赶到阵地上。傍晚，他和希腊军队指挥官措拉格鲁将军躲在希腊军队总部的小屋里，友好地讨论投降条款。唯一的问题是，投降协议是用希腊文字打出来的，德国人无法读懂。当投降协议被翻译成德文打印一遍之后，两位将军一起走了出来，对他们各自的军队宣布了希腊军队投降的消息。打字员记得后来两位将军打着手电筒在峡谷里黑色的松树下签署了投降协议。

## 投降，再投降

希腊军队投降的问题似乎已经解决了，但第二天早晨，这个用双语写成的协议很快就出现了问题，狄特里希传统观念甚强的上级李斯特元帅认为这个文件过于随意而且不完整。措拉格鲁不得不在第二份投降条约上签字，这一次是和李斯特共同签署的。第二份条约重点强调有关投降的条款，其中一条是允许希腊军官投降后可以保留随身武器。

在得知两次投降协议的签署都没有让意大利方面参与之后，墨索里尼火冒三丈。他愤怒地向希特勒发了一封电报。他拒绝遵守停火协定，命令他在阿尔巴尼亚的部队继续前进，去进攻措拉格鲁处于半解散状态的军队。

这位希腊将军没有别的选择，只有接受又一次的投降仪式。在德国、希腊、意大利再次进行谈判时，狄特里希的党卫队不让意大利军队靠近。措拉格鲁、阿尔弗雷德·洛迪将军——希特勒派来的他本人的代表——和意大利军官进行了第三次投降谈判。

战争终于结束了，希腊士兵微笑着向路过的德军车辆招手。他们正艰难地走向一个战俘聚集点。

1941年4月23日，措拉格鲁（最右边坐者）及洛迪（左边第二个坐者）和一位意大利将军（背对照相机者）正起草第三份希腊投降协议。

德国士兵守卫在位于阿尔巴尼亚边界的萨兰塔伯若斯河的桥上，这条河是德国军队和意大利军队的分界线。德军的任务是保卫希腊军队不受意大利军队的进攻。德军拦住了两名意大利士兵。

意大利步兵在一辆卡车上一起向右看，经过德国李斯特元帅的检阅台。

## 克制的阅兵式

墨索里尼对仅仅让意大利参与希腊第1集团军的投降协议并不感到满意，他虚荣心极强地要求在所有的希腊军队都投降之后举行一个穿越雅典的胜利大阅兵。他的想法使德国人很烦恼，因为他们正忙于制订下一个战役计划，而且他们认为羞辱已经战败的希腊人毫无意义。

然而希特勒又一次向他的轴心国盟友低头，表示同意举行胜利阅兵——只要这个庆祝是克制的，而且意大利人的态度要谦虚。

在4月30日战火停止之后，德国一个装甲师的部分军队及一些德国山地部队聚集在雅典和科林斯之间的小镇上。他们沐浴更衣后，在一个意大利摩托化步兵团的陪伴下，列队穿过雅典这个历史名城的街道，一点没有夸耀的意图。一些雅典人出来观看，当德军通过时，一小部分人鼓了掌，但当意大利军队经过时，迎接他们的是一片沉默。

德国山地军队排着紧密的队伍穿过雅典宫廷广场。远处是雅典卫城（背景）。

## 3. 闪电入侵一个爱琴海上的岛屿

德国第 5 山地师指挥官林格尔将军认为自己是一个很有修养的人。1941 年 5 月 3 日的早晨，他敏锐地察觉到自己身处的环境具有历史意义。“帕提侬神庙的门廊在爱琴海夏日的蓝天下，从卫城上向我们散发着光芒，”他满意地写道，“在这座骄傲的城市里，房屋的墙壁具有巴黎和古雅典的建筑风格，在阳光下熠熠生辉。”

将军享受着这一天中雅典的一切。轻柔的微风拂过希腊皇家宫殿前的广场，它不仅驱散了暑热，还带来了丝丝凉意。皇宫外的旗杆是光秃秃的，广场对面，黑、白、红三色的第三帝国旗帜正在迎风飘扬。

1941 年 5 月的克里特岛战争中，一名德军伞兵用驴把受伤的同伴运往安全地带。在战争的第一天，有近一半的入侵者伤亡或被俘。

9 点整，一支接受检阅的队伍在第 12 集团军司令李斯特元帅的带领下就位了。军队行进的声音以及军靴踏地的声音响彻了整个古老的广场，也使得林格尔情绪高涨。“雅典精神，”他写道，“有着几千年的文明史，现在正注视着德国军队的胜利大阅兵。”

庆典结束后，林格尔朝他的汽车走去，开始他对这座城市古迹盼望已久的游览。在路上，他遇到一位老朋友威廉 · 苏斯曼少将，他是第 7 伞兵师的指挥官。他们两人对在希腊取得的胜利互致了祝贺，又聊了几

## 攻占一处险峻海岸的勇敢计划

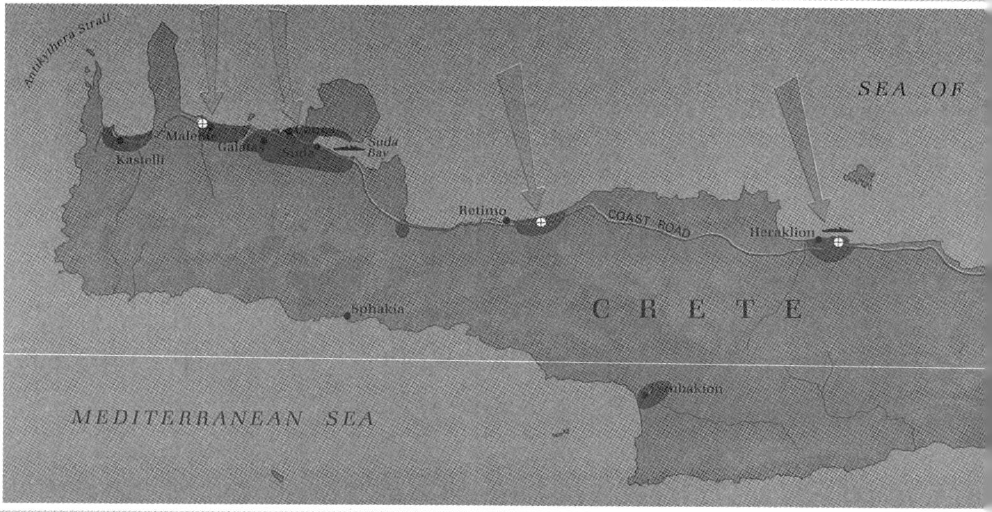


攻占克里特岛的计划既野心勃勃又极富冒险性。第一天，通过伞兵和用滑翔机着陆的突击队准备占领该岛屿北海岸线8英里内的4个重要据点。这几处目标由克里特岛上唯一的一条公路连接。其中包括马莱迈附近还没有完工但已可以使用的跑道、干尼亚外围的盟军指挥中心及其附近苏达湾的皇家海军基地、瑞特墨的另一条未完工的降落地带以及伊拉克利翁的机场和港口。进攻将分两次进行：早晨部队在马莱迈和干尼亚降落，下午则在瑞特墨和伊拉克利翁着陆。翌日，将增援部队空中运至已被占领的机场，海上增援部队再加入其中。

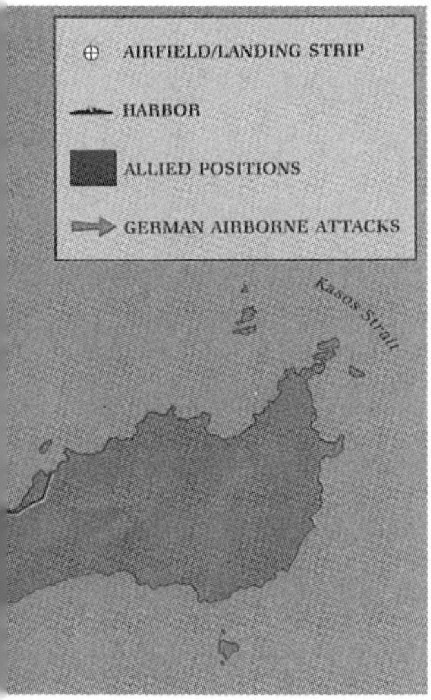


句，苏斯曼笑着说："希望我们在下一场战役中能够建立良好而真挚的友谊与合作。"林格尔不解地看着他。"你没听说吗？"苏斯曼问道。第5山地师要与他的伞兵和滑翔部队共同实施"墨丘利行动"——闪电进攻克里特岛。

林格尔惊得目瞪口呆，他急忙赶到总部。在那儿他看到了命令，但上面并没有对这场史无前例的艰难之战的特别指示。意识到他的部下中大多数人甚至都没有进过机舱，林格尔赶紧着手训练士兵，为这场"攻打数十英里之外，岩石林立的小岛"的海上战争做准备。

这座孤岛（离希腊大陆有60英里，在爱琴海的南端）有160英里长，最宽的地方不超过35英里。克里特岛的畜牧业曾一度引起世界强国的关注。实际上，作为人类早期文明即弥诺斯的摇篮，它在耶稣诞生1500年前也曾是个强国。弥诺斯突然神秘灭亡后，克里特岛一度成为东罗马帝国和阿拉伯、奥斯曼和威尼斯、希腊和土耳其这几个帝国相互争夺的对象。1941年，它再一次成为轴心国与同盟国对峙的战场——同时也是对战争进行突破性实验的场所。

命中注定，克里特岛在对控制东南欧以及东地中海的战役中有着重大的战略意义。英国把它的军队从希腊调至克里特岛，使得岛上士兵数量猛增。这样对希特勒的东南翼造成巨大的威胁，特别是如果同盟军利用这座岛向德国国防军的燃料来源地进行突袭轰炸，后果将不堪设想；反之如果德军占领了此岛，它将成为德国纳粹空军用来反击东地中海的英国皇家海军的基地。

德军最高统帅部从前一年的秋天就准备对克里特岛发动进攻。11 月时，希特勒曾和墨索里尼提起过有关“闪电进攻克里特岛”的可能性。这件事说起来容易，但一些棘手的战术问题使得军中决策者倍感头痛。原因不仅是因为它是个小岛，还因为皇家海军在那里守卫，并驻有精锐的陆军部队。显然，唯一的办法是利用德国纳粹空军对空中的绝对控制权展开攻势，但也存在着无数巨大的潜在危险。

在以往的空战中，陆上的装甲兵纵队可以为组织进攻的伞兵和滑翔突击队提供快速的救援。而这次除了在短时间内组建的一支易受攻击的海上分队外，进攻的每一个细节，从增援到弹药补给，再到药品、食物和水的供应都需要仰仗德国纳粹空军。完全依靠空军力量使得选择岛上目标变得简单了，入侵者必须尽快锁定并掌控至少一个军用机场，否则他们将遭到必然的灭亡。

尽管进攻危险重重，这项计划的执行官，也是德国空中部队的创始人斯图登特将军是它最热情的支持者。这位伞兵将领出奇地沉默寡言。他在一战中是一位战斗机驾驶员，并在西部前线的近距离作战中两次负伤。1939 年，戈林把伞兵部队的指挥权交给他。斯图登特和他的军队在 1940 年的进攻中起了至关重要的作用，而他又再一次负伤并成了民族英雄。一些眼红的同事对

一位学员正在进行跳伞训练。

## 训练从天而降的猎手

每一个德国精锐伞兵部队的成员都是经过严格筛选出来的。在佩戴盼望已久的伞兵雄鹰标志之前，他们得完成8个星期的艰苦训练，包括6次跳伞练习。据空军指挥官斯图登特所说，设计这一训练方案是为了“在伞兵中建立比其他部队更广泛而深厚的伙伴关系”。

第一所跳伞学校建于1936年，校址在施滕达尔的撒克逊镇。随后又在维特施托克、梅克伦堡和法国被占领土沙托丹上建立了其他伞兵学校。

受训者通过操练熟悉了跳伞的每一个细节。不像盟军伞兵跳伞时脚先出机舱，德国伞兵是水平向前跃出机舱。他们学会如何在临近地面时顺着风势，手和膝盖先着地，一个滚翻便迅速站起。

受训者背着系有固定绳索的降落伞从停着的Ju52上跳下，进行模拟训练。真正的跳伞过程是当伞兵的重量拉紧系在运输机上的固定绳索时，伞自动打开。

在提高灵活性的训练中，伞兵新手翻跌过蜷在地上的战友。刚一着地，他们便团身滚动以减少与地面的冲撞力并就势站起。

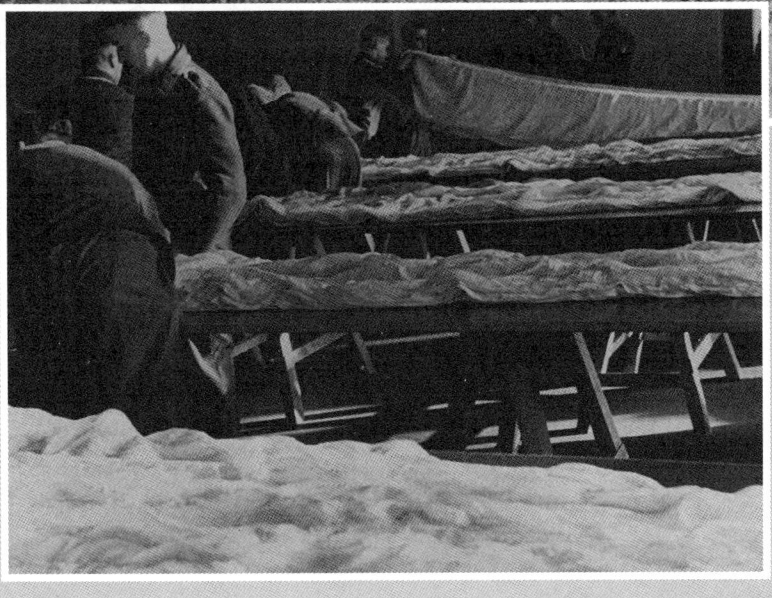

受训者两人一组学习打降落伞背包。每个伞兵都要为他的降落伞——他生命的依靠负责。

他的成功嗤之以鼻，并说他的成功完全仰仗希特勒的宠爱，而不是凭借自己的真本事。但明事理的人清楚，斯图登特的精明、冷峻以及敏锐的军事洞察力将帮助他度过今后艰难的日子。

斯图登特当时指挥着德国纳粹空军XI航空军团，其中包括苏斯曼将军的第7伞兵部队以及第22空降师。斯图登特确信他的军队能够完成这一伟大的战略任务，并急于以此改变人们认为他们只适合做破坏者或突击手这一成见。他把进攻克里特岛当成是向元首和全世界证明自己实力的一次绝好机会。斯图登特并不去想攻打克里特岛的危险有多大，他只知道能完成这一成功之举的部队非他的“从天而降的勇士们”莫属。

从伞兵学校毕业时，每一个伞兵都会得到这样一枚带有俯冲的雄鹰标志的徽章。最初的徽章是铜制的，1937年后，改成铝制。橡树和月桂树枝围成的花环是镀银的、雄鹰和卐字是金制的。

伞兵部队本是德国军队中装甲部队和斯图卡俯冲轰炸机的附属品，但很快表现出了他们的实用性。在1940年的春季战役中，这支部队通过控制莱茵河－马斯河上的桥梁和埃本·埃马尔的众多要塞，打开了进攻比利时和荷兰的通路。两名军官和83名士兵仅靠几架滑翔机就从要塞的上空直接着陆，并在那里坚持了24小时，直到陆军先遣部队把他们解救出来。德国人没有吹嘘这些战绩，而是巧妙地利用人们的逆向心理把所有的细节都宣布为最高机密。

这一计策很奏效，人们对德军的空中运输部队很快产生了一种又敬又怕的情绪。传说他们假扮成法国或英国士兵，有时又装扮成邮差、牧师或小贩，大量从天而降，遍布于低地国家和法国。1941 年 5 月 21 日，流亡的荷兰外交部部长在伦敦的记者招待会上说，穿着修道士、修女和售票员服装的伞兵占领了他们的国家。在法国之战结束后一年，英国最高指挥部相信德军至少派出了 6 个伞兵分队。伞兵穿过天然屏障和人为阻隔突然出现在没有设防的大后方，给因经常遭到意外突袭而精疲力竭的盟军指挥官们又一沉重打击。到那时为止，盟军并没有去收集德国空军运输部队实力和战术上的信息，或者去研究对付他们的策略。

斯图登特的部队从来没有进行过伪装，只是使了个小花招，让优秀的士兵佩戴上印有俯冲的雄鹰标志的徽章。大多数士兵的年龄都很年轻——一个营的士兵平均年龄还不到 19 岁，他们都是志愿者，有着健康的体魄、准确的判断力、很强的独立性；勇敢善战，敢于背负着沉重的弹药从飞机上跳下，善于进攻比自己实力强、装备精的对手。

大部分的年轻人都把青春奉献给了纳粹所信奉的复仇信条。他们就像丘吉尔后来所写的那样："希特勒青年运动所掀起的火焰，是 1918 年日耳曼被击败后的复仇精神强烈而具体的体现。这些勇猛的、受过良好训练而且极具献身精神的伞兵队伍体现出了德国人的男子汉气概。"希特勒给予他们很高的赞誉，称他们是"国防军中最勇猛的战士，比党卫队的士兵更加英勇"。总

## 脆弱的人员和武器的运送者

运送国防军伞兵部队和空降兵去克里特岛的笨重飞机已被淘汰，和大多数飞机比起来，它们可以说是久经沙场。19世纪30年代，容克52昵称Tante Ju或Auntie Ju的机组人员创立了一个战争的新模式：他们快速地将人员和装备空运至前线。一些容克拖曳着DFS230A－1进攻型滑翔机，这种将为战争做出牺牲的飞机在1940年德军对弱小国家发动进攻时第一次被启用。

在克里特岛之战中，第6航空军团的Ju52须从简陋的希腊机场起飞。每架飞机运载着12～17名全副武装的士兵或4吨补给。AuntieJu配有3个BMW132A－3冷却725马力引擎，以每小时150英里的速度飞行了620英里。

外壳极薄的DFS230滑翔机在起飞时抛下带轮子的起落架，降落时使用中部起落橇。机身长37英尺翼展长62英尺，可载10人和600磅装备，它的总重量只有4600磅。

容克 52/3m g6e

Ju52 前端的突出部分配有执行特殊任务的战斗翼 172 的跳跃架装置。红 E 属于第一中队，黄色的引擎罩、机翼顶端和控制器表面都与普通的地中海地区飞行的德国纳粹空军飞机相同。通过机翼上的代号来识别飞机。

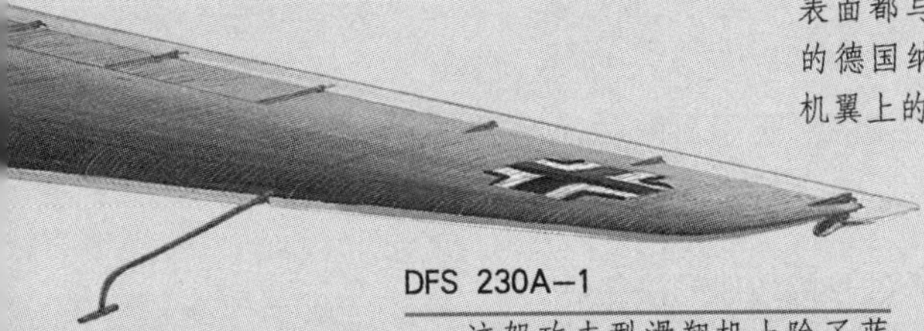

DFS 230A-1

这架攻击型滑翔机上除了蓝色和黄色战斗标志外没有什么其他标记。和它的拖曳飞机脱离后，它极易受损。有的安装了临时防卫系统：顶部两侧的机关枪在滑翔机着陆的过程中可以开火。

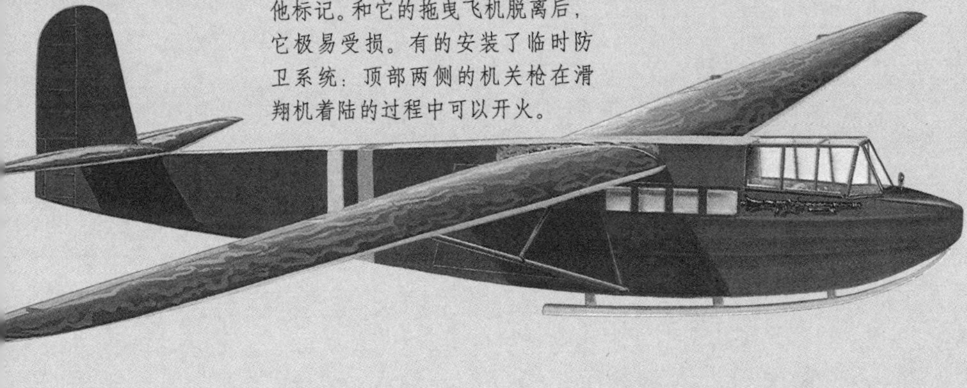

的来说，斯图登特的伞兵并没有像党卫队那样带有种族歧视，致使他们鄙视敌人而且手段残暴。我们完全可以理解对伞兵所下达的非官方命令：“要像猎犬一样灵活，像皮革一样坚韧，像钢铁一样坚硬，你将成为一名典型的德国武士。”

虽然士兵的素质很高，但是伞兵师仍要在行动中克服一些不利因素。庞大而笨重的运输机和降落缓慢的伞兵成为地面火力袭击的目标。为了使飞机减少损害，伞兵需要从更高的高空跳下，这就延长了他们受到火力袭击的时间，扩大了被袭击面。如果在夜幕的掩护下大面积地分散降落，更容易在不受损伤的情况下着陆，但这样就需要很长的时间重新聚合在一起，有可能就因此错过了良好的进攻时机。最后，斯图登特和他的决策者们认为，使用三引擎的 Ju52 运输机，其承受地面火力的能力要比单个士兵强，而且集中降落的利大于弊。这将成为 Ju52 最标准的作战手法——12 人一架飞机，在白天从最高为 400 英尺的高空落下，并以最快的速度集合成队。

还要做一些棘手的决定。士兵装备的武器弹药越重，他们在着陆时受伤的可能性越大。虽然在那以后不久盟军的司令官们决定让他们的士兵武器装备接近 100 磅，德军却不愿意这样做。伞兵将背负着最少的武器弹药跳下。因为标准的来复枪太笨重，大部分的伞兵只携带手枪，一些备用的子弹，或者一两颗手榴弹。军官和高级军士将携带一支可以绑在胸前的短冲锋枪。来复枪、重机枪和迫击炮还有大量的手榴弹以及其他弹药都将被放入霰弹箱中与伞兵一起投下。

当然这也存在着问题，在伞兵们找到常规武器之前，他们很可能会用尽随身携带的弹药。德军指挥官们想在伞兵之前通过滑翔机将武装好的士兵送到地面。除了部署重型武器和掩护伞兵降落以外，滑翔部队还要占领重要的敌人强火力点，特别是防空据点。即使如此，事实上伞兵仍需要在几乎没有武装的情况下跳到敌人面前。斯图登特将军杰出的部队是否能从飞机上跳下，顺利地找到武器并控制克里特岛还不能下定论。

岛上的地形易守难攻。陡峭的山岩在南海岸拔地而起。内陆最高峰达到 8000 英尺，只有北海岸一条狭窄的平地可供飞机降落和船只停靠。岛上有 3 座主要城镇，最西边的是干尼亚，瑞特墨在中间，伊拉克利翁在东边。它们由一条岛上小路连接。伊拉克利翁拥有岛上唯一的一座现代化机场和港口设施。虽然在瑞特墨东 6 英里处有一条供飞机起降的跑道，干尼亚西 10 英里处也有一条未完工的跑道，但大部分飞机停在马莱迈。

岛上将近 50 万的人口以及所有的驻军都住在平坦的北海岸。有 40000 多名盟军驻扎在这儿，其中 6000 多人没有武装也没有组织。剩下的包括 10000 名英国正规军、40000 名澳大利亚和新西兰的联邦军，以及 10000 名部分武装的希腊军和克里特警察。比德军进攻力量多出近 25000 人。而且盟军占据优势，开火以后，他们是在地面上，而德国则是悬在他们头上的半空中。

德军要进行突袭也不容易。他们的意图很明显，盟军指挥官、新西兰英勇的少将弗瑞伯格并不确切地知道德军什么时候从哪儿进攻，但英军情报人员曾经告诉过他空袭即将到来。毫无疑问，突袭将在北海岸的某处进行，并瞄准某个机场。

弗瑞伯格，一战中加利波利和索姆河战役的英雄，在毫无思想准备的情况下于 4 月 30 日被推上了克里特岛之战的指挥官位置。他上任后发现既没有防御计划也没有参谋部，组织松散，但他还是尽了自己最大的努力。他部署了大约 60% 的军队在从马莱迈到苏达海湾的西线进行防御，这其中包括他最强有力的军队：新西兰军和澳大利亚军以及 3 支希腊步兵团。他还把指挥中心放在了干尼亚，剩下的 40% 包括其他的澳、新军团和希腊军队、一些英国正规军和克里特宪兵被平均分布在伊拉克利翁和瑞特墨的中间。

弗瑞伯格于 5 月 5 日在给他在伦敦的良师益友丘吉尔的回信中提到，他“一点儿都不担心空袭”，但他又补充说：“如果空中、海上同时进攻就不一样了。”他害怕这样的结合，并把他的担心告诉了军官们。这样，在战斗关键的头几天里，他们不能把全部注意力都集中在敌人抢夺机场这一重大威胁上，而是紧盯着空旷的海面。

希特勒于4月25日签署了第28号令，下令斯图登特执行突袭计划。希特勒略去了进攻应在5月中旬进行这一关键性条文。他打算在6月份进攻苏联，什么都不能妨碍“巴巴罗萨”行动。在不到3个星期的时间里就要发动一场历史上最大也是最富冒险性的空中袭击。

尚未到达希腊的苏斯曼的第7伞兵师，正从第三帝国的各个地方乘火车或卡车向南进发，他们的使命是一个秘密，只有最高层的将领才知道。同时，机械师们正在拆修500架因战争而变得破旧不堪的Ju52运输机，以备不时之用。这些德国纳粹空军的“老婆婆”曾经穿越巴尔干运送补给物品，还有机体和引擎这类重要部件。军需官们寻找到250万加仑飞机燃料，把它们运往希腊，再从那里运到进攻机群起飞的简易机场。

这些准备工作全部就绪以后，斯图登特惊奇地发现他并不是突击行动的唯一指挥官。第8航空军团指挥官冯·里希特霍芬不向斯图登特做汇报，而是向他的下属勒尔将军汇报情况。里希特霍芬和勒尔都对斯图登特的计划感到不满。

斯图登特保住空中力量的理论是通过多次降落迷惑敌人（在克里特岛的指挥官曾看到7次降落），然后再聚合在一起使队伍壮大。勒尔的意见是把现有的力量一次性大规模地降落到克里特岛以西的马莱迈－干尼亚－苏达海湾，在第8航空军团的火力支援下，向东进发。

作为空袭的创始人和主要理论家斯图登特，他的

## 降落装备

第6航空军团的伞兵队员，从克里特岛上空的运输机跳下时装备精良。每一个人都戴着紧身带有橡皮护垫的钢盔，但没有国防军标准头盔突出的护颈和前额部分。这一改动减少了伞兵落地时颈部受伤的危险性。

伞兵的羊毛制服是一件飞行员的夹克衫和一条滑雪式的裤子，外面套一件华达呢的橄榄绿色伪装服。护膝和加固的从旁侧系带的靴子在伞兵落地时起到缓冲腿部和脚踝阻力的作用。

德国军需官有一处严重失误：许多伞兵感觉在克里特岛炎热的气候里，羊毛衣服贴在身上透不过气来。他们脱掉夹克和裤子，只穿衬衫、短裤和伪装服作战。

大多数伞兵从空中降落，投入战斗时只带有一支半自动手枪。重一些的武器都放在标志明显的霰弹箱中被投下。军官和高级军士们跳伞时胸前绑着一支MP38半自动冲锋枪（如下图）。普通士兵的裤腿袋里都佩有一把弹簧刀——如果他们被吊伞索缠住，可以用刀来挣脱。

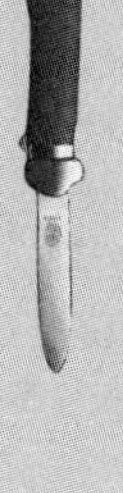

指挥部规定跳伞伪装服要穿在战地服的外面（如左图），但是没有几名士兵按要求去做。一落地，士兵们就从霰弹箱中取出手榴弹、防毒面具和MP38弹药盒。作战中，头盔（最左侧）用布包起来以防止信号灯的照射。跳伞前，每个人都打好自己的伞包（上图）。因为有进攻荷兰时的惨痛教训，降落伞伞衣都着了保护色。这样伞兵在着陆后解伞的过程中就不易被敌人发现。

1940 年 11 月，英国军官勘察高地，从那儿可以眺望到克里特岛北岸的苏达海湾。在德军进攻前的 6 个月中，6 名军官曾领导过克里特岛上的盟军守备军。没有人为岛屿的防御设计出一套完整的计划。

计划的总体理念占了上风，但并不是每个细节。当里希特霍芬声明他不能同时支持如此之多的伞兵着陆，而且 500 架 Ju52 也只能运输原定在第一天降落的 9500 名伞兵的一半，勒尔便把空降数量减少到了 4 批，两批在上午，两批在下午。第一批在马莱迈－干尼亚一带着陆后，运输机返回希腊去运送第 7 伞兵师剩下的两部分士兵。一部分将袭击瑞特墨的简易机场，另一部分则将占领伊拉克利翁的港口和机场。伞兵队员一着陆，在弹药和补给用完之前，他们将用 36 小时的时间占领一座机场。

简易机场到手后就展开第二步攻势。运输部队将运来沉重的武器装备、补给和另外大约 8000 名士兵。

一位德国飞行员正在雅典附近的依路西斯空军基地注视着地勤人员维修要去攻打克里特岛的滑翔机。他们脚边的包裹是空军在水上飞行时穿的救生衣。

这些部队将全副武装，有组织地着陆。第二次突然进攻将使防御者迷惑不解，并给他们带来巨大压力。这一任务将由斯图登特的第 11 航空军团的另一支部队执行。他们是经过特殊训练的第 22 空降师，曾在上一年春天跟随伞兵部队袭击了鹿特丹的机场。但是因为为巴尔干之战进行的广泛动员和即将对苏联展开的战役，这个师必须坚守保卫罗马尼亚油田的重任。

斯图登特召集由林格尔领导的第 5 山地师来顶替第 22 空降师的位置，它曾在希腊有很出色的表现。这个师没有为这项任务接受特别的训练，但他们丰富的山地作战经验将适用于克里特岛起伏不平的地势，而且他们小巧而轻便的武器装备也使得这个师的空中运输变得很容易。林格尔的部队在第6山地师的增援下变得更加有力，他们在很短的时间里被安排坐上一架Ju52，更重要的是，士兵们学会了如何快速地从机舱中跳出。

在山地师占据了一段海岸线后，袭击的第三个步骤开始了——从海上进发。林格尔率领着60艘船只（从地中海轻帆船到近海运输船），这支船队将把不能用飞机运输的物品，像马、骡子、卡车和重型火炮以及另外6000名士兵运送到岸上。运输船队将由小型意大利巡逻艇护送，并在德国纳粹空军的掩护下，在白天穿过爱琴海。但如果没有德国纳粹空军的帮助，皇家海军又控制着海面，船队只能在晚间行动，否则将不堪一击。

这一飞行任务仰仗里希特霍芬将军第8航空军团的支持，他有716架马力强劲的飞机可供支配。228架Do17、He111和Ju88中型轰炸机；205架杀伤力极强的Ju87斯图卡俯冲轰炸机；233架Me109和Me110战斗机及战斗轰炸机；还有一批侦察机。这支飞行部队曾把英国皇家空军逐出了希腊。在盟军撤离的过程中，德军飞机疯狂地袭击了他们的护卫舰队，击沉了20多艘船只，比敦刻尔克大撤退的战果还要丰硕。在1941年5月的前几个星期，德国纳粹空军在克里特岛的上空咆哮而过，在没有任何阻拦的情况下，扫射、轰炸了每一个看起来稍有可疑的目标。

毫无疑问，这次空袭对岛上防御者的打击是沉重的。他们被迫离开战壕，在指挥官们的率领下掉头穿过开阔的田野。他们已陷入显而易见的瘫痪状态，但还做着虚张声势的努力。为迎接入侵需要，弗瑞伯格尽量保护每一样东西，他命令他的高射炮部队隐蔽起来保持沉默。

5 月 20 日，东地中海的早晨天气宜人。海面上笼罩着一层薄雾，但它很快就会在阳光下蒸发。容克运输机迎着早晨第一缕阳光，从希腊的 6 个机场起飞。它们在起伏不平的跑道上轰鸣着，掀起滚滚灰尘，直蹿向空中。500 架 Ju52 中有 60 架拖带着滑翔机。庞大的机群列队向南飞去。

滑翔机在绳子的一端左右摆动，上下颠簸。机舱里又暗又热，许多人开始晕机，幸好航程不是很长。机群接近克里特岛沿岸时，拖曳绳被抛开，滑翔机俯冲而下。唯一能听到的是风掠过薄薄机壳时的声音。在它们之后，一群飞机载着大约 5500 名伞兵从 5000 英尺高空下降至 400 英尺并保持这一高度，等待降落。

7 点钟左右，在短暂而猛烈的空中袭击过后，干尼亚和马莱迈的盟军从地下掩体中探出头来。几分钟前，20 架道尼尔和亨克尔轰炸机从头顶咆哮而过，紧接着是呼啸的斯图卡俯冲轰炸机和梅塞施米特战斗机的一阵扫射。现在滑翔机又出现了，像渡鸦般飞过，这无疑显示了德军最初的攻势。

占领马莱迈降落地带的责任落到第 7 师 4 个伞兵团身上。这支冲锋队由迈因德尔将军指挥，这位强悍的

国防军空军总指挥斯图登特将军正在和林格尔将军进行磋商，后者的第5山地师曾在战斗的第二天增援斯图登特被围的伞兵部队。

职业军官因在挪威北部纳尔维克港的战斗中表现不俗，脱颖而出。通常作战需3支军队，而这次迈因德尔领导着4支军队——3000多名士兵，其中包括滑翔兵小分队，但仍比德国一般的步兵团少几百人。他们没有后备部队，所有的人都去了前线，即使是医务人员也被招去作战。不管他有什么军事特长，冲锋队中的每一个成员都要承担起士兵的职责。

迈因德尔的计划需要3支滑翔机小分队，大约300人，大部分来自第1营。第一支分队由科赫少校率领，他是比利时大捷的英雄，他将占领机场东南被标为107号的战略高地。另一支由布劳恩少校指挥，准备攻打已经干涸了的塔夫罗尼蒂斯河上的桥梁。在陆军中尉波莱森率领下的第3分队受命占领机场东北边的高射炮阵地。

科赫带领的部队攻占107高地，很快就失利了。太阳刚刚升起，滑翔机驾驶员在昏暗的雾气和空袭留下的烟尘中飞行，致使他们在下降的过程中判断失误，到达目的地时高度太高。他们猛推操纵杆，使飞机向下俯冲，有些滑翔机撞到了地面，机毁人亡。着陆的人发现这一地带的地形比地图和航拍照片所显示的更加崎岖不平。因为山脊阻隔，各个分队相互看不见，在敌人扫射的情况下，无法聚拢。袭击者发现攻打这座山坡并不像他们想象的那么容易，由安德鲁中校率领的新西兰第5旅已经做了充分的准备，伪装起来等候他们多时了。

几分钟的时间，科赫的头部就受了重伤。他的士兵不是被射杀就是被赶下山，在那儿，残兵在军医的召集下重新聚合在一起。虽然其他两支分遣队也有滑翔机撞到地面，但情况要好一些。布劳恩率领的这支部队占领了塔夫罗尼蒂斯桥(实际上是他的手下占领了桥下)，但却没有再向机场进发。波莱森的部队拿下了塔夫罗尼蒂斯三角洲的新西兰人守卫的高射炮阵地，但当他们试图向机场进发时，也遭到猛烈的火力阻击。布劳恩和波莱森以及20多个士兵在这次战斗中阵亡了。

另外两个滑翔机分队由奥特曼上尉和中尉占兹指挥，他们被命令同时率领一支伞兵部队在苏达海湾分散敌人的火力。他们的突袭也遭到失败。奥特曼的士兵曾试图在苏达湾北阿克罗蒂里半岛上的高射机关炮附近着陆。德军的行动遭到了高射炮的猛烈拦击，有4架滑翔机被击落，其他的四散逃窜。落到地面后，奥特曼发现盟军主要的高射机关炮炮台只是一个仿制品；几个小时之内，他的全部136名士兵不是被击毙就是成为俘虏。与此同时，占兹的部队成功地毁掉了干尼亚镇南边的一座很大的高射炮阵地，180名炮兵全部牺牲。但德国人在到达盟军城镇西边主要电台之前，便被阻截住而动弹不得了。

当运输机载着第一批伞兵呼啸着越过海岸线，迎着盟军的高射炮火力寻找着陆点的时候，地面上一片混乱。“他们极易被击中，”一位英国射手回忆说，“你能清楚地看到被射中的飞机炸裂开来，士兵的尸体像装着土豆的袋子一样落了下来。”地面的火力击落了好几架Ju52，但飞机太多了，没有足够的火力进行防御。马莱迈机场上的天空飘满了展开的降落伞。这一景象使一位新西兰军官大为震惊：“令人难以置信，不是一般的危险。以克里特岛早晨深蓝色的天空为背景，透过灰绿色的橄榄枝条，他们看起来像一个个小木偶人。”

像原计划一样，降落的伞兵把机场严密地包围了。冲锋团的第2和第4营，在斯坦则勒少校和格里克上尉的带领下，降落在沿岸公路的西边，第3营降落在东边。西边是防线的缺口，他们的降落没受任何阻碍，并迅速按顺序组队。但东边的第3营，正好落在盟军火力强劲的地方。一瞬间，斯图登特所做的最坏的预测成真了：他的军队被完全摧毁了。

一位光着膀子的飞机调度员正用标志旗和信号枪指挥载着伞兵从希腊某空军基地起飞的Ju52降落。

“每一个伞兵都带着一个使命，不是你死就是我亡。”一位新西兰历史学家后来写道。事实也是如此。一阵阵防御火力过后，打落的橄榄枝覆盖了缓缓落下的伞兵的尸体，形成一座座坟墓。“你会看到一个人软软躺在那儿，”一个新西兰人回忆道，“上去给他一脚，他会挺直身体，扭曲一下又瘫了下来，这时你就知道他已经不行了。”还有的德国人挂在树上或重重地摔在岸边的崖石上。安全着陆的人也马上被困在那儿，不能靠近他们的武器箱，许多武器早已落到盟军手中。仅凭着他们的手枪和几支冲锋枪，并不是敌人步枪、迫击炮和机关枪的对手。

有好几百人都落到了新西兰第23营防御的区域内。这个营的上校射杀了5名伞兵。一名新西兰排长搜寻伞兵时损失了两名士兵，却带回了29名德军死亡士兵的身份牌。第3营的官兵非死即伤。一些仍活着的军官重新召集起苦苦挣扎的士兵们。他们痛苦地蜷缩在坑洼处，没有水喝，天气又热得出奇，他们一个劲儿地祈祷夜幕快些降临。

随着谢尔伯少校一起跳下的600人中有将近400人都死了，其中包括谢尔伯本人。最初从东面向马莱迈的进攻演变成了一场灾难。在挣扎过程中，这儿和其他别的地方，德国纳粹空军轰炸机和战斗机中队盘旋在头顶，在这样一场混战中很难辨出敌我。因此，过了一段时间，结局超出了空中力量所能控制的范围。

5 月 20 日，滑翔机载着布劳恩少校的突击队来到克里特岛，落到了这片崎岖不平的地域。降落在距离一座桥梁几百码的崎岖不平的塔夫罗尼蒂斯河床上并冒着猛烈的炮火攻占了桥梁。

迈因德尔将军在 8 点 30 分的时候降落到战场的西侧，在那儿，第 2 和第 4 营正和驻守在 107 号高地以及机场周围的新西兰军展开激烈的交战。他很快意识到第 1 营的滑翔机突击一定是失败了，随后，他断定谢尔伯北部的第 3 营也出了问题。到这时，迈因德尔的团中一半的士兵都被打死了。如果他打算攻占机场，就得带领着他的第 2 和第 4 营从西边进攻。如果失败了，他将全军覆没。

迈因德尔迅速把他在机场西边的队伍分成两个突袭大队。他命令第 4 营的小分队在格里克上尉的指挥下，穿过塔夫罗尼蒂斯桥向机场进发。斯坦则勒少校和第 2 营的两个连将穿过桥南干涸的河床，绕过 107 高地，从南坡发起进攻。这两支部队都很快闯入了新西兰人的火力封锁之中。

迈因德尔仍盼望着科赫能在107高地立足。他刚一从掩体里站起来，一个眼疾手快的新西兰射手就向他举起的手开了一枪。接着，这位将军就被机关枪射中胸部倒下了。虽然伤得很重，他仍头脑清醒，并且还能指挥作战。

在格里克的带领下，第4营一次次向战壕中的盟军发起猛攻。他们虽然在前进，但进展缓慢而且损失惨重，经常出现白刃相接的肉搏战。一些盟军士兵向他们投掷自制的手榴弹——在果酱听里装上混凝土，用白明胶炸药做引燃装置，这种手榴弹虽然简陋却极具杀伤力。100华氏度的高温下，沉重的伞兵服像湿透的毯子一样裹在身上。为了减轻负担，许多伞兵都扯下了裤腿或脱去了伪装服。死伤人数急剧上升，格里克和他的士兵还是在傍晚的时候攻下了部分机场，并在机场和107高地北面建立了一个稳固的据点。但斯坦则勒率领的第2营中的几支队伍却没能够冲破封锁向南山坡挺进。如果新西兰军仍然占据107高地，即使占领了一部分甚至全部的机场也没有多大意义——他们可以从山上向跑道扫射。夜幕降临，迈因德尔正在为最后一次孤注一掷的夜间向高地突袭做着准备。

他不知道，新西兰军的境况也很紧迫。一整天，安德鲁上校和他的军队都在阻击着猛烈的进攻。傍晚时分，安德鲁的营损失了近一半的兵力，弹尽粮绝，并且与其他 3 个连失去了联系。他的有线通信设施在第一次轰炸中就被摧毁了，无线电发报机电池也没了，他只勉强地借助发光体、信号灯和通信员来收集信息和寻求帮助。

安德鲁知道坚守这块阵地的重要性，他火速向新西兰第 5 旅的其他营发出增援请求。在上午消灭迈因德尔的第 3 营后，他们就一直驻守在海滩上。但这个旅的指挥官哈格斯特却不愿转移，主要原因是他的手下获取了一张德军地图，显示敌人的降落地带遍布他的防御区。哈格斯特担心还会有更多的伞兵到来，所以他决定让他的军队坚守阵地，而不向西迎击已着陆的德军。失望之余，安德鲁决定用隐藏在杏树林的两架重型马蒂尔达坦克做先导，试图反攻。

安德鲁带领着剩下的 20 人，驾驶着坦克缓缓向塔夫罗尼蒂斯河挺进。格里克上尉和他的军队就驻扎在桥东。对德军来说，这一刻十分艰难。他们没有武器能穿透如此厚重的钢甲，坦克的攻击也是伞兵最害怕的。格里克后来说道，当看到他们微弱的火力乒乒乓乓地射到马蒂尔达坚硬的外壳上，却没有丝毫损失，“马上产生了极度的恐慌”。但很快进攻停止了。令人费解的是，前面坦克的弹药不适合它的炮筒，新西兰士兵为是否把它扔掉而犹豫不决。第二辆坦克从岸上滚进了河床，并转向大海的方向，隆隆地从桥下开过并四处扫射。在下游200码的地方，这个庞然大物陷入了巨砾之中。坦克里的士兵冒着枪林弹雨逃了出来。这些人中只有为数不多的几个幸运儿回到了机场东侧的驻地。

当迈因德尔和他的冲锋团为生存而挣扎的时候，另一支部队，包括第3伞兵团和工兵营一部，在马莱迈以东大约7英里的干尼亚附近着陆。这个团认为滑翔机部队已经完成了他们的任务，准备去捣毁盟军的指挥总部并阻截机场的增援部队。它的降落地带从加拉塔斯镇一直到西南面的阿里卡诺。

这一进攻计划至关重要，第7师指挥官苏斯曼将军决定亲临现场指挥作战。但这支军团还未到达干尼亚，灾难就发生了。刚起飞没多久，苏斯曼乘坐的滑翔机突然失去了机翼。机身头朝下地栽了下去，撞到了爱琴纳岛的岩石上，将军也因此丧命。没有人能够说清为什么会发生这一灾难，很有可能是因为He111轰炸机在从后面超过时离滑翔机太近了，轰炸机的螺旋桨弄断了拖曳绳，迫使滑翔机自动上仰，单薄的机翼承受的压力过大。加拉塔斯的指挥权转交给了第3团上校理查德·海德里希，一位一心一意把自己的一生都献给了军队的人。

这次降落和冲锋团在马莱迈的那次一样艰难。第1营降落的地点和预期的差不多，是一个平缓的，有人居住的山谷，其中耸立着一座已经废弃的监狱大楼。他们最初没有遇到什么阻拦。上尉是一个名叫海特的年轻男爵，他回忆当时的情景是这样的：“我可以看到街上的人们抬起头盯着我们，而有些人则跑进屋里。我们的飞机的影子像魔爪一般掠过沐浴在阳光下的白房子。我跳伞时周围都是伞兵，但着陆的时候却是我一个人。突然落在一片陌生的土地上，并带着侵略的指示，这种感觉很异样。一草一木都像是隐藏着一个秘密。”海特男爵迅速召集起他的士兵，先遣部队便向北边的干尼亚进发，侦察敌情。但英军和希腊军队的强大火力很快使得他们寸步难移。

第 2 和第 3 营就没有第 1 营那么幸运了。第 2 营正好降落在加拉塔斯附近山谷北坡的橄榄树林里，第 10 新西兰旅正等着他们呢，伞兵们刚一离开飞机就损失惨重。只有军士长诺伊霍夫的运输部队有 1/5 人员顺利到达了地面。他估计 550 人中只有 350 人在前几分钟的战斗中生还。一个德国列兵曾经吃惊地发现第 10 新西兰旅大本营中就他一个人。这个旅的上校被孤立在附近的一个围栏中。这一空中突袭的胜利并没有维持多久。这名上校爬了回来，射杀了那名伞兵，夺回了他的指挥部。

东南的第 3 营降落时大面积分散开来足有 2 英里长。一些人和海特的第 1 营会合，而其他人在黄昏中被敌人拦截、杀死。工兵营同样不幸，他们在西南部降落，正好撞到希腊军和当地克里特非正规军的枪口上，这些非正规军用缴获的伞兵武器武装自己。这些希腊人和克里特人给入侵者以猛烈的还击，第二天发现一块很小的

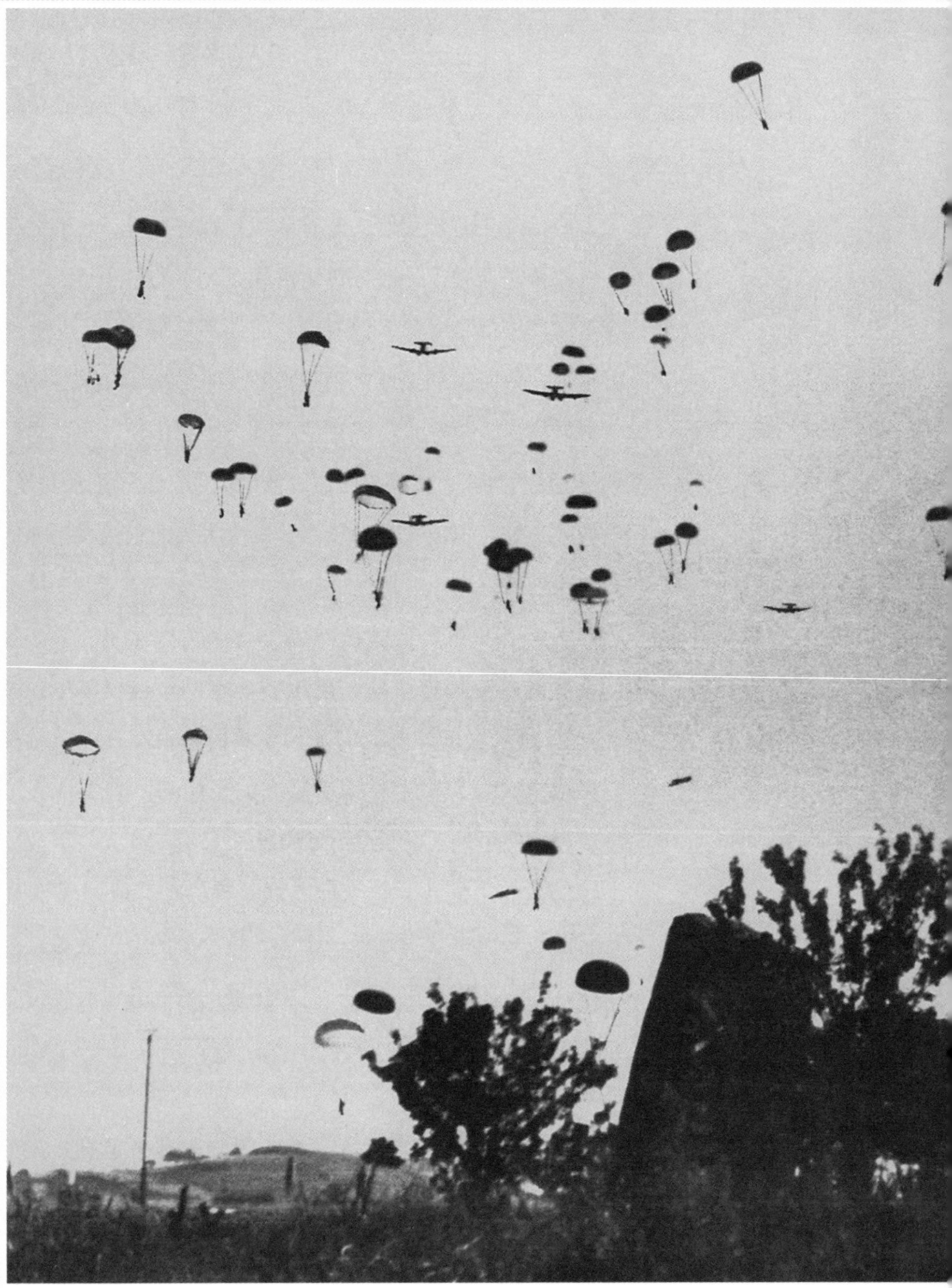

“像秋天的树叶般纷纷落下。”德国军官这样写道。降落伞载着第3伞兵团缓缓降落在克里特岛。虽然地图显示他们降落的地点将是加拉塔斯南面的一个高原，而军团却落入了一个浅浅的山谷。

一支降落伞成了一名德国士兵的遮尸布。他落到了一棵橄榄树上，在还没有挣脱束缚之前就被射死了。

地方就有100多名德军的尸体。许多师总部的成员也因飞机坠毁在山谷以南的山上而很快丧命。

海德里希挣扎着把他受到重创的部队再次集合起来，以巩固他在山谷中部监狱大楼附近的阵地，他和他的军官们忙着召集早晨大溃败后的幸存者一直到下午两三点钟。大约一两个小时后，他发现能受他支配的士兵数量从原来的3000人只剩现在的1000人。带领这支人数骤然下降的队伍，他必须保住他的阵地，并向东北方的干尼亚和苏达湾进发，而首先他需要占领他左翼加拉塔斯周围的高地。第一次进攻，他派400人去捣毁加拉塔斯南侧高地上的盟军炮台，但被赶了回来。第二次增员后的突袭在傍晚进行，并取得了胜利。

然而，德军的胜利是短暂的。两支盟军连在 3 辆轻型坦克的掩护下向缺少武器的伞兵进攻。德军在坦克面前丧失了斗志，匆匆一战后便逃进山谷。随着时间的推移，他们的处境越来越糟，短期内又没有增援，海德里希用无线电同在雅典总部的斯图登特联系，请求带领残余部队向西撤离，与在马莱迈的先头部队会合。斯图登特命令他原地待命。监狱谷地中的第 3 营没有能够扫平盟军的防御中心，却因此被困而疲于防守。不管怎么说，它在抑制盟军攻打马莱迈中起到了积极的作用。现在这支军队也向北开进。第 7 师的剩余力量到达了瑞特墨和伊拉克利翁，他们也同样受到阻击，为了保命而战。

当返回的运输机准备运走第二批伞兵的时候，在希腊机场上引起一片慌乱。从中午以后，机场被大团大团的烟尘笼罩着。当飞行员在空中盘旋一个多小时，正准备逐次降落的时候，地面部队一片混乱。跑道上的碰撞给 Ju52 造成的损失比在克里特岛上盟军炮火下的损失还要多。地勤人员紧张而忙碌地徒手为飞机加油并把部队带到指定的运输机前，时间表完全被打乱了。

按计划第二批伞兵应该在 1 点钟到达克里特岛，3500 人应在很短的时间内着陆。有些中队因为掉队，到达指定地点时，竟晚了 3 个小时之久。本想以迅雷不及掩耳之势通过狂轰滥炸把敌人打个措手不及，谁

# 西部早晨的进攻

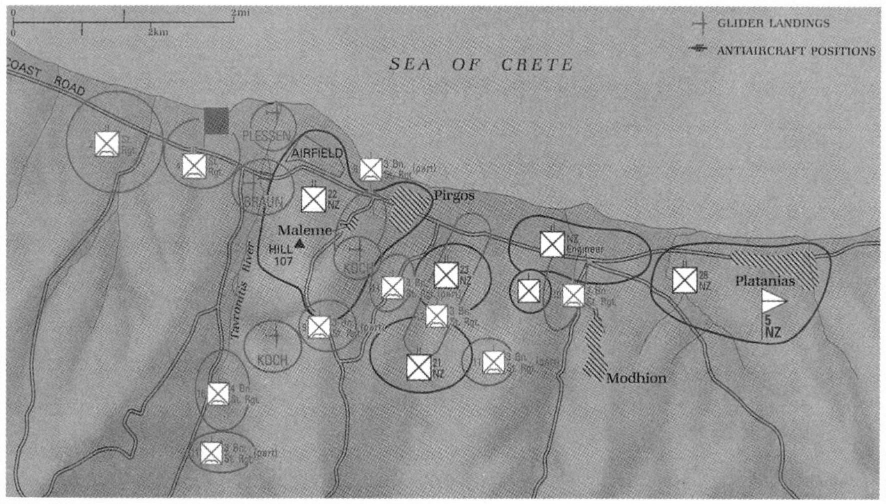


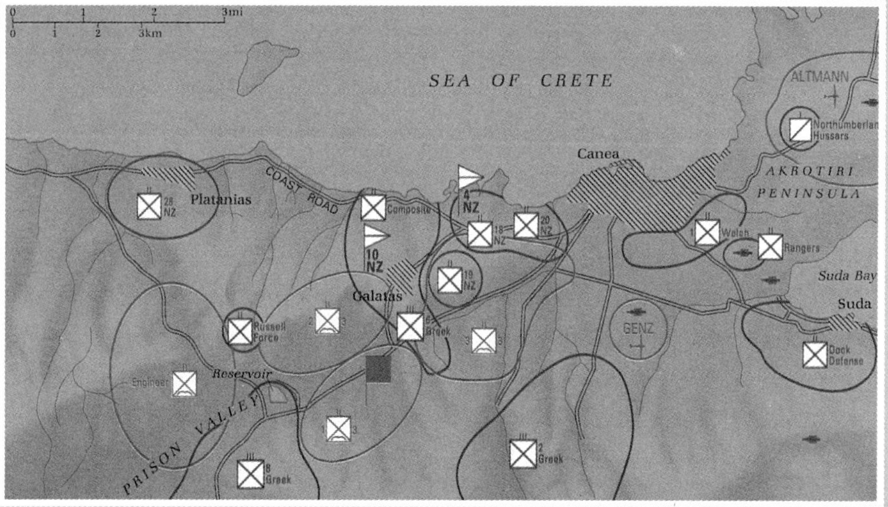


这两幅图显示了1941年5月20日早晨德军降落克里特岛南端的情况。滑翔机在伞兵之前进攻是要控制几个目标并压制盟军的防空炮火。在马莱迈（上面），德军计划派迈因德尔将军的冲锋团降落在临时跑道的四周并通过分进合击占领它。在干尼亚－加拉塔斯地区（下面），海德里希上校的第3团准备直捣盟军的指挥中心，并阻止那里的部队向东增援马莱迈的飞机场，向西增援瑞特墨。

知敌军早已察觉，正满怀激情地等待着他们的到来，结果这场突击演变成了一场可怕的自我毁灭。

被指派占领瑞特墨以东地带的空降部分是4个进攻兵团中最小的一个，基本上是由施图尔姆上校领导的第2伞兵团的两支增援部队，共1500人组成。施图尔姆上校是一位过于自信的参加过荷兰和科林斯运河之战的资深老兵，这一进攻兵团又被分成3组，第一组被命令在距瑞特墨以东1英里的地方降落，并占领那里的城镇；第二组准备在降落地的东部着陆，并迅速占领它；第三组，也是人数最少的一组，只包括兵团的司令部和施图尔姆上校，准备沿着两股力量之间的海岸线着陆，

伞兵在橄榄树林中取回和他们一起投下的武器弹药后，重新编队。虽然武器箱都有明显的标志，但在陌生的土地上冒着炮火找到它们也是不容易的。

配合进攻。

令施图尔姆大失所望的是，他的好几架运输机都在伞兵还没跳下之前就被击中了。7 架飞机坠毁在沙滩上，其他几架冒着火苗，拖着浓烟，摇摇晃晃地栽落海中。这次降落用了很长时间，而且损失惨重。队伍分散得到处都是。施图尔姆刚一落地就被抓获，他的司令部也就不复存在了。东边的那组部队被驱散了有 5 英里远。离机场最近的分队很快和敌人交上了火，虽然伤亡人数很多，但这些伞兵还是把一支澳大利亚小分队从俯视降落地带的高地赶了下去。与此同时，攻击瑞特墨的部队在降落的过程中损失了一半的队员。剩下的几百名队员重新组队向城镇进发，并设置路障阻挡盟军从干尼亚派出的增援部队。总的来说，德军的这次行动并不很成功。

第四次也是最后一次的攻击行动要把伞兵降落在伊拉克利翁的海港和机场。古弥诺斯港在克诺索斯废墟以北几英里。虽然它的登陆设备是克里特岛上最好的，但因为它的位置较远，只是向伊拉克利翁派出了少量的进攻队伍。进攻由第 1 伞兵团的 3 个营共 2000 人和第 2 团的第 2 营共同完成。它们都由布劳尔上校指挥。布劳尔上校是一战老兵，曾任秘密警察，也是首批伞兵军官中的一员。

这次空降和其他几次一样结局悲惨。澳大利亚军队直到飞机快飞过头顶时才发射博福斯式 40 毫米双管高射炮。15 架运输机在爆炸声中纷纷坠毁。危急时刻，

当一枚迫击炮弹在他们前方爆炸时，3名伞兵卧倒在地。在头两天的战斗中，德军相比之下几乎没有什么重型武器，不能和盟军的火力相抗衡。

伞兵们跳出一架燃烧的Ju52，张开的降落伞像一只只掰开的橘子，就在这时，他们遭到射击，一股硝烟过后，这些德国人便投入了死神的怀抱。另一架运输机在被击中后，脱离了队伍，急速下降，全部士兵还没来得及打开降落伞就跌到了地上。一位英国军官曾注视一名伞兵落到了他们司令部的房顶上。当他离地还有大约10英尺时，七八支带刺刀的步枪都朝他举了起来。其他德国人一到地面就疯狂地用冲锋枪扫射，也有人在半空中举起双手做出投降的姿势，可一到地面就抛出手榴弹。

降落持续了3个小时，一直到7点半。到那时，上百名伞兵被打死，部队刚一聚集就遭到盟军的攻击。一个澳大利亚连就杀死了90名德国兵，而他们只损失了3名士兵。

受命攻占伊拉克利翁的第3营在降落时伤亡很少，但在一次又一次地与希腊守军交火时却吃了不少苦头。当晚7点半，伞兵攻破城墙的北门和西门到达了港口，但经过苦战之后却被赶了回来。伞兵们曾被告知克里特人会欢迎他们的，但情况表明那是错的。伊拉克利翁和其他城镇一样，当地居民英勇作战，枪声、哭喊声、嘶叫声响彻了整个黑夜。

在机场，澳军和英军迅速消灭了分两路着陆的第2营。东路只有1名军官和60名士兵生还，西路在20分钟内全部被歼灭。据德国一则有关战况的报道称，那些活下来的人“也很快死于几辆轻型或中型坦克的攻击”。1个小时之内，有12名军官和300名士兵阵亡，此外8

一支德军小分队在杂草丛生的干涸河床里找到一处临时的隐蔽所。在继续前进之前，他们轮流休息和放哨。

## 第 2 梯队的降落

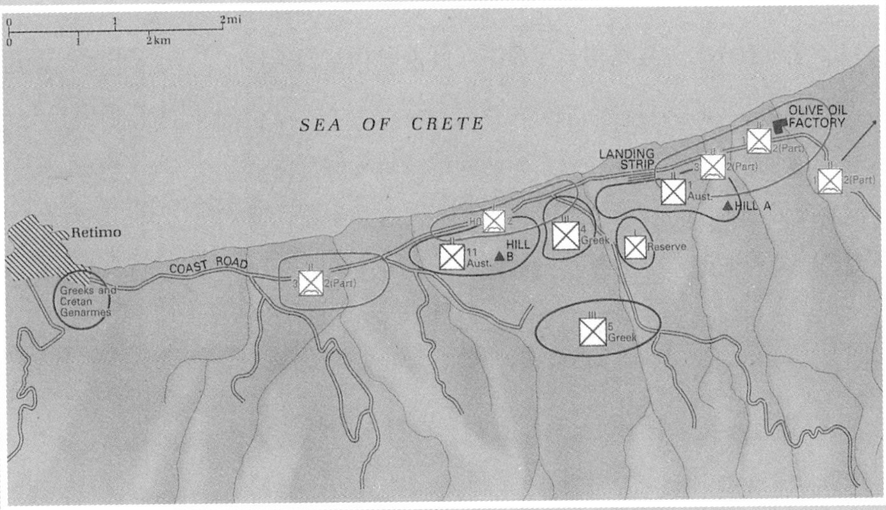


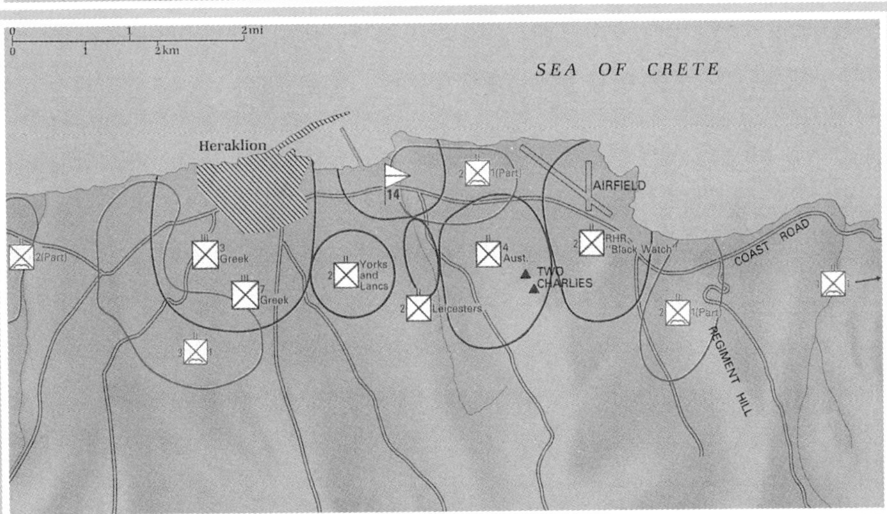


下午3点左右，耽搁了两个小时后，由施图尔姆上校领导的第2伞兵团开始在瑞特墨降落（上图）。施图尔姆的军队——1500名精兵强将——分成了3个分队。一支夺取降落地带，另一支攻占城镇，第三支建立起一个指挥点。与此同时，布劳尔上校和他2000人的第1伞兵团，在第2团的分队支援下，在伊拉克利翁着陆（下图）。一部分军队夺取港口，其他人则去攻占机场。这两项行动都失败了。他们没有能够采取集中进攻的战术，因为仅降落就花去了好几个小时，而且散布的范围很广。大量伞兵在降落过程中就被击毙，布劳尔的一个营直接落到盟军的阵地上，全部被歼灭。

名军官和100名士兵受伤，生存下来并能够作战的不到100人。

布劳尔上校和第1营的小分队降落在机场的东侧，但离他们的突击目标有将近5英里之遥。直到午夜，他们才和第2营的残余力量在俯视机场的高地上会合。当布劳尔终于和他的军队取得联系以后，他只能告诉他们，无论军队剩余多少，都要在黎明时发起新的进攻。

克里特岛之战的第一天，斯图登特将军的精锐部队就损失了上千人，大约是第7师的1/3兵力，即使这样也没能夺下一个突击目标。相比之下盟军的伤亡较少，但对双方来说这场战争都是史无前例的。不断有军队穿过该死的云层从天而降，使得防御者们疲于招架。在指挥部里，弗瑞伯格将军和他的军官们不知道还有多少德国伞兵部队会在早晨出现。而且他们还在担心海上攻势。晚上10点钟，弗瑞伯格给在开罗的英军中东地区总指挥韦维尔爵士捎了个信儿。“今天艰难地度过了。”弗瑞伯格报告说，“到目前为止，我们仍控制着马莱迈、伊拉克利翁和瑞特墨的机场以及两个港口。我们所控制的这些地方的周围没有任何遮拦，所以前景不容乐观。”

在雅典，斯图登特在大不列颠旅馆二层的司令部中踱着步。这个名字太具讽刺意义了——大不列颠旅馆——谁也没能逃出去。5月20日从克里特岛来的战况折磨了他一个晚上。虽然战斗复杂难辨，但大溃败是

抛出手榴弹后，两名伞兵冲向盟军阵地。由于缺乏炮火的掩护，进攻队伍只能采取步兵的作战手法。

显而易见的了。他的 4 个营，包括滑翔机部队都被打散了。高傲的德国国防军不是已经丧命，就是蜷缩在克里特岛上的橄榄树林和盛开着的茉莉、金合欢丛中痛苦地呻吟。虽然军队作战英勇，不计后果，但却没有攻下一个机场，为山地军和急需的弹药补给提供降落的场所，看来盟军坚决的反击彻底击溃了进攻力量。

勒尔将军曾因进攻计划与斯图登特大嚷大叫，里希特霍芬将军也因此事和斯图登特发生过争执。他们对这一计划充满敌意。现在斯图登特打算怎么办？他们是不是应该为避免损失更多的军队而放弃进攻？如果不，又能怎么样呢？斯图登特独自来到他的房间试图找到解决问题的答案。事后，他所能回忆起的当时的想法就是：“如果我们能熬过今晚就好了。”

克里特岛上的士兵也是这么想的，而有一个人却不这样认为，他就是仍驻守在马莱迈 107 号高地的新西兰中校安德鲁。在对将要采取的行动进行研究以后，安德鲁做出了一个致命的决定。他所在旅的指挥官拒绝向他派出增援部队，装甲部队反攻的失败令他心灰意冷。他逐渐相信他的第 22 营很快就会被消灭。德军占据着机场西边地带以及西北山脊，他们已经切断 3 支新西兰前方连队前进的道路，安德鲁认为很可能这 3 支连队已被消灭。另一支德军巡逻队已经开始在山的南侧进行侦察了。安德鲁坚信在黎明时刻，他被包围的新西兰军队会面临新一轮的攻击。这一次不仅是腹背受敌，在德国纳粹空军的飞机选定目标后，他们还会遭受从天而降的轰炸。迫于无奈，安德鲁决定只能撤退。

事实上，新西兰军的境况比安德鲁想象的要好。虽然他的部队被孤立，得不到援助，但士兵们坚守阵地，英勇作战，士气高昂。哈格斯特将军也改变了主意，派出了增援部队。同时，迈因德尔冲锋团幸存下来的士兵又乏又渴，人心涣散。原来的3000人中只有不到1000人还在作战。受了伤的德军将领情况也很不好，他的胸部正在慢慢流血。后来的分析指出，充满斗志的新西兰军很可能把伞兵部队从山的西侧和机场两个地方赶跑。但当安德鲁通过无线电向哈格斯特将军表示他们可能需要撤退时，他的指挥官并没有对他进行鼓励，而只是回答说："如果你必须这样做，你就做吧！"

黎明前一个小时，两支力量单薄的德军队伍拖着疲惫的身体从两侧为攻占高地做了最后一次的努力。特拉伯斯中尉带领的一支队伍是由布劳恩大队的幸存者和第3营组成的。营中的主治军医纽曼率领着另一队伍。当所有其他高级军官都不能发挥作用时，他承担了科赫大队的指挥任务。纽曼和他的队伍小心地爬上散布着他们战友尸体的岩石坡后，只有寂静迎接他们。他们来到第一条壕沟跟前，却发现它是空的。几分钟后，南北两路在山顶会合，简直不敢相信他们的好运气。山下，斯坦则勒上校和格里克上尉带领着第2和第4营的残余力量，重新发起突袭，他们发现致命的机关枪停火了，107高地一片空寂。

德国人还没为这轻而易举的胜利做太多的庆祝，黎明到了，一架Ju52扫过北方的天空，在山头盘旋了几圈，降落在机场那边坚硬的海滩上。机上载的是斯图登特的参谋人员，他们带着总指挥的命令前来评估马莱迈的战局。这是近乎崩溃的斯图登特所能采取的最好办法。他也派了同样的调查组飞赴伊拉克利翁和瑞特墨，但他最大的希望还是寄托在马莱迈的冲锋团身上。参谋官只逗留了几分钟——这段时间足够他们卸下武器弹药并和伤势严重的迈因德尔进行磋商。他没有时间进一步确认107高地是如何奇迹般地落入德军手中的。但他的安全降落完全证明了这一点：只从机场东侧传来零星的炮火和小规模的射击声。他带着重要信息起飞去见他的长官，那就是“机场西边是一片死地”，意思是已经在德军的控制之下。

在等待第一手报告的同时，斯图登特陷入了沉思。他想继续这项行动计划，这就需要增加在马莱迈的参战伞兵数量，问题是如何去做。林格尔的第5山地师已经随时待命准备出发，但斯图登特却一再推迟他们的起飞时间，一次向后推延半小时。经过长久的等待，里希特霍芬终于耐不住性子：“我们热血沸腾而时间却这样白白流过。”直到斯图登特得到他的副官有关马莱迈降落的报告是“艰难但却可行的”，他才下决心发出命令——把赌注都压在了对马莱迈发起的又一次进攻上。

他的第一步是派出6架装载着昂贵的补给和弹药的运输机。为了增大降落的安全系数，飞机将降落在机场以北的海滩上，在盟军的射程之外。过不了多久，大约350名空降兵（他们因前天的运输困难没有接受调遣），将在塔夫罗尼蒂斯的安全区着陆。5月21日从清晨到下午，增援的德军为争夺机场东部地区向防守严密的盟军后卫部队展开激烈的攻势。进展是缓慢的，代价是巨大的。夜幕降临，从驻守的新西兰军两个连中发出的炮火，中断了伞兵们的进程。

与此同时，又进行了两次着陆，大约3点半的时候，两个留下来突击伊拉克利翁的连队在马莱迈战场的东侧跳伞而下，一天前，冲锋团的第3营曾在这儿全军覆没，他们也同样被打散了。一名军官和8名士兵试图向西边的德军阵地靠拢。就在大约5点，天空上又一次布满了飞机，一大群Ju52贴着海面雷鸣般地从北方飞来，在马莱迈机场上采取直接迫降。这是斯图登特的一大赌注，不管机场是否安全，这些飞机都要载着第一分队的山地部队降落，这包括全营的人马和第100山地团的司令部成员，共计近800人。在最后几架飞机的其中一架上坐着作战勇敢、脾气暴躁的拉姆克上校，他是来接替迈因德尔，指挥克里特岛西部的军事行动。他所接到的命令很简单：向东进发，排除一切着陆行动的障碍，但首先他得先着陆。当第一支运输队重重地落下时，盟军的火炮向跑道猛烈开火。一些Ju52燃起了火焰，另一些的机翼被折断，还有一些机身的焊接处被炸开，起落架被炸掉。地面上的德国人用一辆缴获来的英国车拖走残留物，为即将到来的飞机清理跑道。80架Ju52的残骸很快在跑道边排成一排。

在一架运输机上的德军通信员梅耶记录下了他的

越过一辆简易手推车，可以看到炮弹炸在马莱迈未完工的临时跑道上，一架被英军炮弹炸毁的Ju52上冒出滚滚浓烟，遮天蔽日。12架飞机被炸毁，但当天晚上，德军还是占领了机场。

着陆情况。“两侧的监察员重重地关上机舱大门，产生的风力差点儿把我们从座位上吹起来。我们跟随着一排排海浪在半山高的空中飞行，机关枪的追踪装置在我们下面的浪涛上摇摆，没有机会降落。我们只得又一次回到水面上。降落地点被猛烈的炮火覆盖。飞溅起来的棕

色泥浆落到已经着陆的飞机上。现在飞行员在进行又一次的尝试，这次他试图降落在马莱迈湾宽阔的海滩上。那儿的地表崎岖不平，溪流纵横。溪流与溪流之间杂草丛生，飞机碎片随处可见。我们也不能在此降落。我们是否还回到降落地带？答案显然是否定的，到处都是障碍。我们的驾驶员只得掉头，他必须着陆，可在克里特岛上做到这一点谈何容易。”

“现在，我们被击中了！机关枪的子弹穿过了右机翼。飞行员气得咬牙切齿。突然，一片葡萄园出现在眼前，我们撞到地面又被弹了起来。一支机翼与机体分离插入了沙地中。人、行李、箱子、弹药全被向前抛去，我们没有任何可以抓住的物体。最后，我们终于站了起来，飞机的前半个机身也是头朝下地栽在那里。”

这次仓促的行动并没有很快结束。到了晚上，大批山地营士兵降落到地面并控制了机场。德军现在掌握了通往胜利的金钥匙。

在希腊的一个机场上，地勤人员正在为参加攻击行动的Ju52加油。从它们头部的跳跃架装置可以辨认出这些飞机属于执行特殊任务的战斗翼172。

# 军队调动中的奇迹

希特勒下达5月中旬进攻克里特岛的命令，要在短短几天的时间里调动所需的人员和装备，对国防军来说是一项几乎无法完成的任务。被选为这次行动主力的第6航空军团分散在欧洲各地。4支伞兵军团中就有3支需要从德国乘火车去罗马尼亚，然后再乘卡车沿着路况很差的公路行驶1000英里到达希腊南端。保卫罗马尼亚油田的第22空降师缺少向南的运输机，只能由已到达希腊的第5山地师代替他们。5月14日，将近2500人的队伍集合在了一起。

超负荷拖曳滑翔机和往来运送军队去克里特岛的Ju52在巴尔干战役后耗损非常严重；几百架有3个发动机的飞机需要在德国、捷克斯洛伐克和澳大利亚的服务中心进行维修。5月15日，整修后的Ju52来到了它们的起飞地——一座没有怎么用过的飞机场里用沙子铺成的不规则的跑道上。一位指挥官嘲笑他们是“一群废物”，并预言载了大量货物的飞机会“沉没，直到没过它们的坐标轴”。在实际起飞中，运输机掀起厚厚的烟尘，一刻钟后才能散去。

因为铁路的情况很糟糕，公路更差，进攻的补给得用船走亚得里亚海从的里雅斯特运到希腊的比雷埃夫斯和科林斯港。受到盟军水雷和潜水艇的牵制，船只在5月17日才出发，比预定的进攻时间晚了24小时。飞机燃料仍处于短缺状态。在科林斯运河，一座被毁坏的桥梁挡住了载着65万吨Ju52所需燃料的坦克的去路。海军潜水兵从德国飞去，把残骸移开，但发起进攻的日子又一次拖延至5月20日。即使这样，把易挥发的汽油放入45加仑的油桶，再用卡车把它运往遥远的机场，为第一批飞往克里特岛的飞机加油这一任务，也是在进攻开始之前的几个小时才完成的。

## 夜间的组织行动

第11航空军团开始行动时，5月20日凌晨漆黑一片的机场上秩序混乱。军队摸索着寻找指派给他们的飞机，发动机旋转发出震耳欲聋的声音淹没了人们的说话声。旋转的螺旋桨卷起铺天盖地的尘土，迷了士兵的眼睛，堵塞了发动机。再一次集合后，整装待发，伞兵部队在手电筒的光线指引下找到了各自的飞机。在登机后，这些进攻者才了解到他们的目的地是哪儿。

登飞机之前，伞兵检查他们的装备，绑上降落伞和护膝，他们带着抗疲劳的苯丙胺片和两天的给养，其中包括巧克力、白糖、面包和用于消炎止渴的糖定片。

一个伞兵脚放在外面坐在机舱门口，然后头朝前冲进空中。在他下降的过程中，系在他吊带上的绳子的另一头固定在飞机上，绳子拉紧时他的降落伞便打开，然后脱离绳子的束缚。

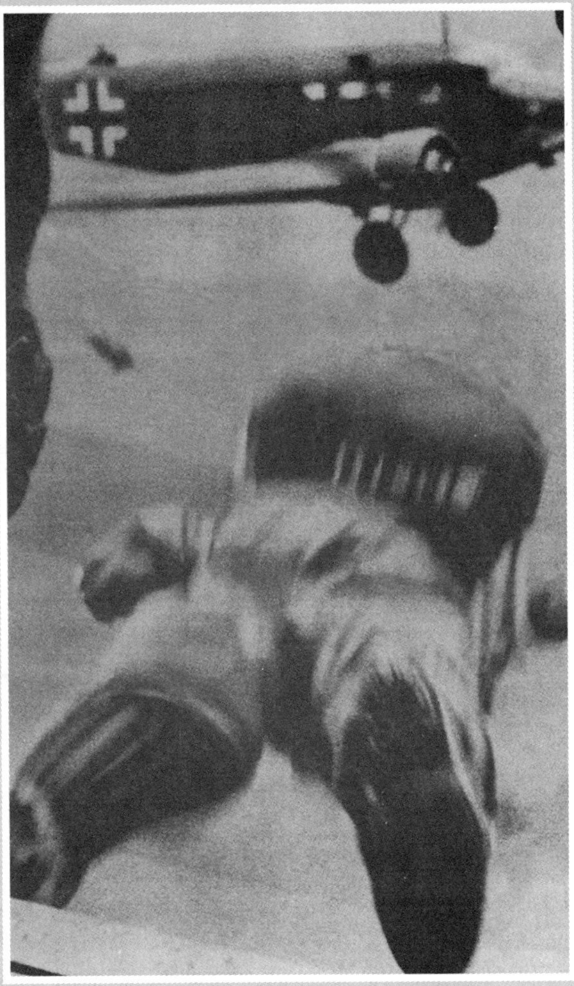

## 紧张地等待步兵团

由于不清楚岛上的战事，在塔纳格拉机场上的第5山地师的第100团终于在5月21日3点起飞了。等待高山部队的过程是紧张的，他们在经过长途跋涉向南穿过巴尔干半岛来到希腊南端——途中在迈塔克萨斯防线与敌人发生了激烈的战斗。山地军并不惧怕克里特岛的崎岖地形，他们担心第一批空运飞机开进战区时，会立即暴露在敌人杀伤性火力之中。

山地军站在太阳地里等候登机。他们还带着摩托车和其他重型装置。

士兵们穿着救生衣，手握来复枪，一边 6 个人坐在机舱里。

克里特岛出现在视线里，两名士兵透过飞机舷窗俯视下面的战场。

## 进入“地狱之门”

处在战争旺季的德军没有料到他们在克里特岛上遇到的残酷待遇。高射炮频频向低空飞行的运输机发射炮弹。地面火力扫射那些准备跳伞的士兵，很多人在落地所需的短短15秒时间里被射死。第5山地师的士兵，跌跌撞撞、伤痕累累地从运输机里跳到满是死尸和飞机残骸的地面上，马上遭到机关枪的连续扫射。指挥官林格尔将军把这次行动比喻成进入“地狱之门”。

山地军（右图）蜷伏在一架停在马莱迈机场的Ju52后面。这个简易机场十分狭小，因此他们的指挥官斯图登特将军称它是“小红土网球场”。

伞兵们从一架撞向地面的Ju52中跳出。Ju52机群中有将近一半的飞机在战斗中被毁。

## 4. 付出重大代价的胜利

林格尔将军第5山地师的年轻战士们大多数都来自德国和奥地利的山区。当他们听说有一部分人要从海路攻打克里特岛，都感到兴奋不已。在爱琴海上巡航将是一项吸引人的新鲜事。一个爱打趣儿的士兵很快给他们的兵团命名为“第5空降海军山地师”。那些被选入海陆空协同作战的士兵并没有想到运送他们的希腊地中海轻帆船和生了锈的船只的船舱里都是污水，散发着阵阵鱼腥味儿，这些船只可能会倾覆，甚至被卷入大海，护航舰的船速不能超过4海里。令人生畏的海军等待着他们的到来，有可能会主动出击。当德国人渐渐地了解了这一切后，恐惧淹没了他们的兴奋。

这些来自山地的德军摘下头盔，大汗淋漓地追赶向东撤退的盟军。这支装备精良的队伍的到来使得克里特岛战场上第二天的战事向有利于德军一方转变。

不过，他们还是把死亡抛在了脑后。第100山地团的第1营用飞机调来了，但经过两天的战斗，国防军对马莱迈机场的控制还是岌岌可危。被打得血淋淋的冲锋团残余官兵看见他们的新司令官拉姆克上校的到来，既感到高兴又似乎是一种解脱。“感谢上帝，上校终于到了。”一位军官喊道并和其他人一起上前迎接这位从伞兵学校出来的敢打敢拼的小指挥官。拉姆克在机场重组起那些受到重创的伞兵，并命令新到的山地营，即伍

兹上校的第 100 山地团的 3 个营之一，为从南面包围机场东侧的敌人做准备。5 月 21 日，马莱迈的硝烟刚一散去，1800 多名士兵就做好了行动的准备。离他们 10 英里之内的盟军由有 7000 名训练有素的步兵和 6000 人

德军士兵站在希腊地中海轻帆船拥挤的甲板上绽开了自信的微笑。这是受命运送他们去克里特的 63 艘船只

中的一艘。德国人临时启用这支小舰队是因为德国纳粹空军没有足够的飞机迅速组成一支空运部队。

的附属部队组成。

当晚在雅典，准备到他的部队中去的第5师的指挥官正在担心。“第二天的战斗决定至关重要，”林格尔将军写道，“德国军队必须拼死去对付英军集中火力的反抗。”当夜通过海路运送全副武装的强大增援部队是极其重要的。

事实上，计划当天早些时候第一批海上运输部队在德国纳粹空军的掩护下登陆，一支由25艘庞大船只组成的舰队载着2331名士兵，其中包括第100山地团第3营，一些伞兵和几支混杂在一起的分队，他们于5月20日夜离开米洛斯岛。只有意大利轻型护卫舰陆魄号护航。德军主张由意大利舰队担当主要突袭力量，把皇家海军赶出克里特岛，但是被意大利军方拒绝了。德国人又想借助在电波中传送错误的无线电信号来迷惑英军。

地中海轻帆船式的护卫舰顶风前行，到5月21日太阳升起的时候，他们已经能够看到克里特岛上的远山了。可当德国纳粹空军报告说敌人的战舰正向他们驶来，护航舰便回到了希腊岛屿的保护之下。当它6个小时后再一次出发时，它已经失去了白天德国纳粹空军可以保护它靠近克里特岛的机会了。邻近午夜，舰队还在马莱迈以西距登陆海滩18英里的地方。在船上，部队首长核对了他们的登陆计划，救生筏也都充好了气。山地兵脱掉了他们厚重的靴子，穿上了救生衣，信号枪也准备好了。在岸上，沙滩向导正提着信号灯焦急地等在那里。

在没有预先通知的情况下，灾难降临了。夜空中突然亮起探照灯刺眼的光柱，响起了嗡嗡的机器声以及大炮的轰鸣声。皇家海军的 3 艘巡洋舰和 4 艘驱逐舰开进护航舰群，就像闯进羊群的狼。

侵略行动一开始，英国地中海舰队的分队就在坎宁安将军的率领下，在克里特岛北海岸进行夜间游弋，德军的这一行动早在他们的意料之中了。天一放亮，海军就向西和向南撤退，避开以希腊为基地的德国飞机。但是德军的空中火力还是击沉了英军的驱逐舰朱诺号并炸毁了他们的巡洋舰阿甲克斯号。当天下午，一架皇家空军侦察机发现了满载德军的地中海轻帆船中队。现在夜幕降临了，在以后的几小时里将对皇家海军有利。

第一束探照灯光划过，轻帆船上的人赶紧关掉了发动机，收起了船帆，希望能不动声色地躲避起来。“在我们眼里，探照灯就像是死神的手指。”一名山地兵这样讲道。灯光划破夜空，盲目地在水面上搜索。刺眼的光亮在桅杆顶部停留了片刻又移走了。“我们是不是太小了，所以他们看不到？很可能是这个原因，但如果搜寻者有雷达，情况就会不同。”在随风飘动的小船上，这名士兵恐惧地向上望去，那个东西就在他们的正前方，一个像教堂尖顶一样高的黑影耸立在那儿。探照灯又亮了，把他们的小船照得像白昼一般。“赶紧跳水！”他们刚一跃入水中，第一排炮就如暴风骤雨般地倾泻下来，

早晨，舰队的第一次进攻失败以后，意大利士兵把一个浑身是油的德国兵从救生艇送到救援船只上。他们是从克里特海中把这个溺水的士兵搭救上来的。

木头片、砂瓦块像雨点似的落在他们的周围。

陆魄号快速地从先头舰队冲了回来，试图用它微弱的火力自卫，却无济于事。轻型护卫舰很快遭到敌人炮火的夹击，航行起来艰难而缓慢，所幸的是没有被击沉。致命的英军探照灯光簇从一只船上移向另一只船，每次的照明过后就是一阵狂轰滥炸。驱逐舰和巡洋舰一头扎进轻帆船队中，把它们分成了两半，翻搅着落到水里的人们。在一艘编号为 S–8 的轻帆船上，霍曼上尉把后方的船只调至前方，他注意到英军舰船盘踞在近海阻截了一切前进的通路。他看到一艘护航舰着了火，随着上面弹药的爆炸，在一团火球中消失得无影无踪。下一个就轮到他的船了，一艘驱逐舰驶过，用机关枪向S-8扫射。主桅杆被击中了，重重地倒在甲板上。两名士兵跳上了一只救生艇，结果救生艇被敌人的炮火打成了筛子，其他人吓得趴到了甲板上。不知什么原因，S-8竟浮在水面上渐渐飘出了战区。

两个半小时以后，扫射停止了，探照灯也终于熄灭了。至少12艘地中海轻帆船和3艘轻型小货船被击沉。它们都满载着士兵，马莱迈舰队可怜的幸存者，挣扎着逃向北方的希腊，带回了阵亡和受伤的人员。英海军将军坎宁安估计有4000人和船一起沉入了海底。在雅典的德军总部里，斯图登特将军和林格尔了解有一多半的人都上了船，他们认为几乎所有的人都阵亡了。

而奇迹正在发生。大部分德军在袭击中落入了水中，有的被击中，有的被旋转的螺旋桨杀死，但大多数人还是逃过了这一劫，救生衣带着他们在温暖的海水中漂流。早上，意大利船只和海上飞机展开了大规模的救援行动。当第11航空军团的Ju52再次带着山地营去马莱迈时，飞机上的士兵把救生艇抛向遭受沉船之苦的战友。5月22日下午4点钟，救援工作基本完成。2331名士兵登上这支噩运连连的舰队，只有大约300人死亡或失踪。不管怎么说，很显然在马莱迈作战的部队是不能很快得到海上的援助了，至少在短期内不会。

当第二批由38条小船组成的舰队一早从米洛斯出

发时，很快得到海上救援的唯一一线希望也破灭了，它们载着400名士兵，包括第85山地团的第2营和急需的重型武器。这支舰队原本计划停靠在伊拉克利翁，但现在却接到停靠在马莱迈的命令。大约8点半，护航舰还没驶出多远，皇家海军特混舰队就认出了前面的几艘地中海轻帆船。尽管知道德国纳粹空军中队像一群黄蜂般地嗡嗡叫着出现在头顶，4艘巡洋舰和3艘驱逐舰还是对“猎物”穷追不舍。像以前一样，一艘意大利轻型护卫舰——天箭号放出大量的浓烟用来吸引敌人的注意力。但那时，英军已经发现了整支护卫舰队。另一场像在马莱迈所进行的激战又要重演了，满载军队的船只赶快掉头撤离，但逃脱的希望渺茫。

事实上，因为坎宁安将军的指挥官们耽搁得太久了，所以他们才得以逃脱。这天早晨在克里特岛一带的水域，皇家海军遭到里希特霍芬将军领导的第8航空军团的重创。破晓时分，侦察机带回的报告说有十几艘英军船只，其中一部分朝护航舰队开来，还有许多向北方和西方开去。它们在没有空中掩护的情况下排成一排前进。

几百架战斗机和轰炸机从希腊中部、伯罗奔尼撒和爱琴海岛屿的机场上咆哮着起飞，钻入黎明的天空。它们的飞行员坚守信念，不仅要报昨天护航舰队惨败的一箭之仇，还要为最近在与英军的战斗中战败的德国纳粹空军鼓劲儿。位于莫拉伊机场的戴诺尔特上校，斯图卡轰炸机编队的指挥官向他的士兵简要地布置了任务。几分钟后，数架 Ju87 飞上了天空。在距克里特岛以北约 25 英里的地方，俯冲轰炸机群发现了两艘英国巡洋舰和一对驱逐舰并向它们发起了进攻。

斯图卡式俯冲轰炸机穿过曙光快速下落，每一架都扔下一枚重型炸弹或 4 枚 110 磅重的炸弹。英国船只以最快的速度呈之字形向前行进，慌乱地躲避着敌人的炸弹。同时，他们的炮手把一簇簇高射炮弹射向空中，大海像炸开了锅似的，冒着烟的船只在被击起的几丈高的白水柱中穿行。奇怪的是，所有的重型炸弹都没击中目标，只有几个轻型炸弹击中了巡洋舰格洛斯特号和斐济号的上层结构。90 分钟以后，被打得伤痕累累的斯图卡式俯冲轰炸机飞回去加油并补充武器装备，英军的船只也向西退去。

与此同时，在东边英军正要向地中海轻帆船护卫队发起突然袭击，一架 Ju88 轰炸机格鲁朴号前来救助。这种飞机比 Ju87 的速度要快而且载重量更大。双引擎的 Ju88 开始赢得战争中最有效的多功能飞机的美称。从雅典附近起飞几分钟以后，霍夫曼上尉和他的 Ju88 格鲁朴号向下看到了一幅极奇迷人的场景：被人称为“矮子舰队”的德国舰队正向北缓慢行驶，英军在其后几英里处追赶，在它们两个之间，意大利天箭号忽前忽后，放出烟雾并发射出微弱的火力。

领头的 Ju88 也加入了袭击的队伍，遭到了一排高射炮的阻拦。第一批炮弹包围了巡洋舰那依阿德号。它的速度减至一半，但仍能够活动自如。更多的 Ju88 加入战斗，但那依阿德号还是成功地躲开了他们的炮火。此时，英海军将军已命令停止追击护航舰，并向西撤退，与英军主舰队会合进行共同防御。在亚历山大，海军将军坎宁安试图取消前进计划。他坚信为消灭舰队所做出的任何牺牲都是值得的，战船在德军的船只中，比暴露在公海更安全，不易受到空袭。“一定要坚持住。”他通过无线电鼓励战士们，但他的命令却在护航舰四散逃窜后才被接到。

战斗如火如荼地进行了 3 个半小时。更多的炸弹炸毁了那依阿德号的旋转机架，炸开了船体的金属外壳。一架梅塞施米特战斗机向卡莱尔巡洋舰的驾驶台扫射，舰长中弹身亡。刚到下午，撤退的英国船只在克里特岛西北海岸的安提基西拉海峡加入了它们的主舰队行列。现在总计有 19 只战船，由沃尔斯派特号和勇士号战列舰引导。炸弹还在不断地落下，不到 10 分钟，就有一枚直接击中了沃尔斯派特号。Me109 迎面击毁了沃尔斯派特号右舷 4 英尺长、6 英尺宽的炮位。伤亡人数大量增加，但一天激烈的海空之战以后，没有一艘英国船只被击沉。

重新装配弹药并加过油的斯图卡式俯冲轰炸机加入了战斗。戴诺尔特上校在他的指挥机中观望英军舰队——包括两艘战列舰、5 艘巡洋舰和 12 艘驱逐舰——

改变航道向南开，忽而又向西南方向驶去。英军逐渐离开了战场。德国纳粹空军已把皇家海军驱逐出了克里特岛附近海域。

现在里希特霍芬的飞行员们正在实施致命的惩罚。一对载着重型炸弹的斯图卡式轰炸机把灵猩号驱逐舰击沉。另外两艘驱逐舰赶紧掉头来打捞幸存者。格洛斯特和斐济号这两艘巡洋舰上的高射炮是用来做掩护的，但它们已经用完了大部分的武器弹药，只能以微弱的火力抵抗袭击。格洛斯特至少中了5弹，整个船体着起火来。几分钟后，船内响起剧烈的爆炸声并开始下沉。为了安全起见，斐济号赶紧逃脱。它就要逃到射程以外了，一架Me109突然出现并在边上投下一枚550磅重的炸弹，炸坏了船体外壳，船体倾斜降低了它的行驶速度。如果不是半个小时后另一架飞机从它的前锅炉间上扔下一枚110磅的炸弹，斐济号可能会逃过这一劫。傍晚时分，斐济号倾覆并沉入了水中。

欣喜若狂的里希特霍芬在他的日记中这样写道："英军一再受挫，船只燃烧并下沉。其他船只前来救助也中弹了。有些倾斜着艰难行进，有些尾部拖着条油迹逃出这个鬼地方。空军部队整天都在空中飞行、轰炸、补充弹药……到了晚上爆发出胜利的欢呼。虽然最终的结果还没有出来，但我对能够取得巨大而有决定性的胜利信心十足。6艘巡洋舰和3艘驱逐舰都沉入了海底，其他的也因受损严重在慢慢下沉。我们可以断定，如果气候条件有利于飞行，一艘军舰也不可能逃出德国纳粹空军的势力范围。”里希特霍芬主张尽快派遣队伍重新从海上登陆，“既然克里特岛急需这些力量，英军的船只又被击中，正在撤退”。但是马莱迈舰队被打败对最高统帅是个巨大打击，使得他们不能很快恢复元气。里希特霍芬的建议遭到了拒绝，还是继续通过空中增援。

奇怪的是，希特勒没有对纳粹德国空军的胜利表示祝贺。这胜利消息很快传到了帝国元帅戈林那里，他又及时转告给了正在伯格霍夫指挥撤退的纳粹官员。但是希特勒只是保持沉默——既没有命令也没有贺词，似乎希特勒的注意力都投入到进攻苏联上了。

自从进攻开始以后，皇家海军的伤亡数量虽说比德军估计得要低，但也很惨重——两艘巡洋舰和两艘驱逐舰沉入海底，其他 3 艘战舰也严重受损，死亡 1000 多名士兵，战斗还没有完全结束。第二天，5 月 23 日早晨，戴诺尔特上校指挥的俯冲式轰炸机群中的 24 架斯图卡式轰炸机时发现，经过整个晚上还有两艘驱逐舰在那里准备向马莱迈的德军阵地射击。戴诺尔特的俯冲式轰炸机完全不把微弱的高射炮火力放在眼里，直接命中两艘驱逐舰，凯利号和克什米尔号几乎被它们击沉。第三艘驱逐舰在救上来 281 名幸存者后，也只能逃之夭夭了。

英军的地中海舰队损失巨大。对溃败形势进行估计后，坎宁安将军向伦敦发出信号：“4 天来的较量是

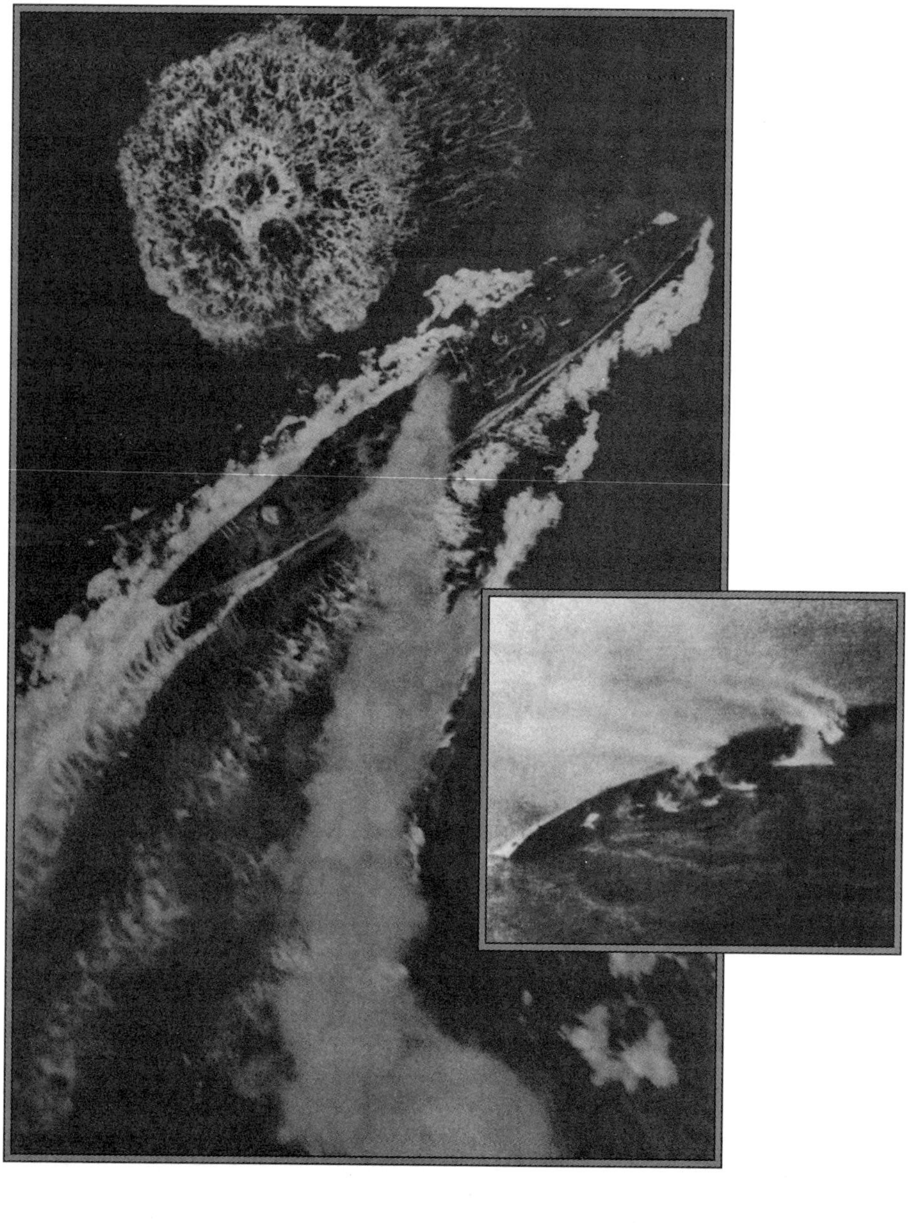

对地中海舰队和德国空军力量的检测。在海岸线一带，我们必须接受失败的现实并且承认由于损失惨重，我们不能抵御对克里特岛发起的海上进攻。这一结论令人担忧，但我们必须面对现实。”

然而林格尔对此并不认同，他认为在克里特岛上的作战双方的力量强弱仍未成定局。在加拉塔斯、瑞特墨和伊拉克利翁，英军显然占了上风，德军已渐渐控制了马莱迈以西所有的重要机场。

在岛的西部，第三帝国进行空袭的士兵数量减少了，他们变成了一小股正在为生存而疯狂抵抗的部队。5 月 21 日在加拉塔斯附近，海德里希继续调遣第 3 营疲惫不堪的伞兵，向高地发起一次又一次伤亡惨重又毫无结果的进攻。这块高地能够俯视向城里进发的队伍。到了晚上，敌人仍占据着这块高地，海德里希和他精疲力竭的士兵们还被困在监狱山谷。

5 月 22 日克里特岛西北端的海空战斗中，一艘英军重型巡洋舰向右转舵，躲过了德国纳粹空军的炸弹。过后，在遭到几次直接的攻击后，格洛斯特无可挽救地向左倾斜（小图），最后沉入海底。大量的船员丧生。

施图尔姆上校在瑞特墨的第 2 伞兵团的残余力量，包括在降落地带附近的 A 高地上由克罗少校带领着的 150 名士兵、在城镇边缘驻守的魏德曼上尉的两个连。他们想在 5 月 21 日早晨扩大他们的阵地，但克罗清晨向登陆地带发起的进攻却演变成了一场澳大利亚军对德军更猛烈的围攻。得到增援以后，澳大利亚军把伞兵从 A 高地向东北方的大海逐去。更糟糕的是，克罗惊恐地看到德国纳粹空军的一队飞机不辨敌我朝他的部队俯冲下来，杀死了 16 个人。绝望之中，伞兵部队撤退到了沿海的一座大型橄榄油制造厂附近，挖掩体做最后的防卫。

在瑞特墨以东路障附近的魏德曼的伞兵部队也同样被克里特岛上的宪兵和希腊部队重重包围。更糟糕的是，澳大利亚军缴获了德军的作战计划和与施图尔姆上校联络的密码，他们用密码命令德国纳粹空军袭击魏德曼的阵地。伞兵们唯一能做的就是趴在地上，祈求援兵早日到来。

5 月 21 日黎明，在伊拉克利翁，布劳尔上校领导的对机场发起的攻击以失败告终。他的军队被驻扎在那儿的“黑瞭望”营所阻截，又被意志坚定的克里特非正规军赶到离机场东南两英里远的环形防线内。德军的一个排打入了机场东面的高地，但很快就被包围打垮，他们的中尉也被杀死了。

与此同时，舒尔茨少校带领的分遣队第一个晚上到达了伊拉克利翁港，又用第二天一整天的时间穿过城镇，开向机场。中午时分，伊拉克利翁的守军就要抵挡不住了。英方两个排的正规军及时赶到，协助他们能够继续作战。5 月 21 日黄昏，舒尔茨军中 400 名幸存者不得不退到城西的出发地。在第二天战争结束之前，战场上已经留下 1200 多具德军的尸体了。

实际上，伊拉克利翁像瑞特墨一样成了一个无足轻重的地方。德军在雅典的总部对同时出现的这两次困境抱以乐观的态度。他们的报告中这样写道：“围攻的

## 不屈不挠地向东推进

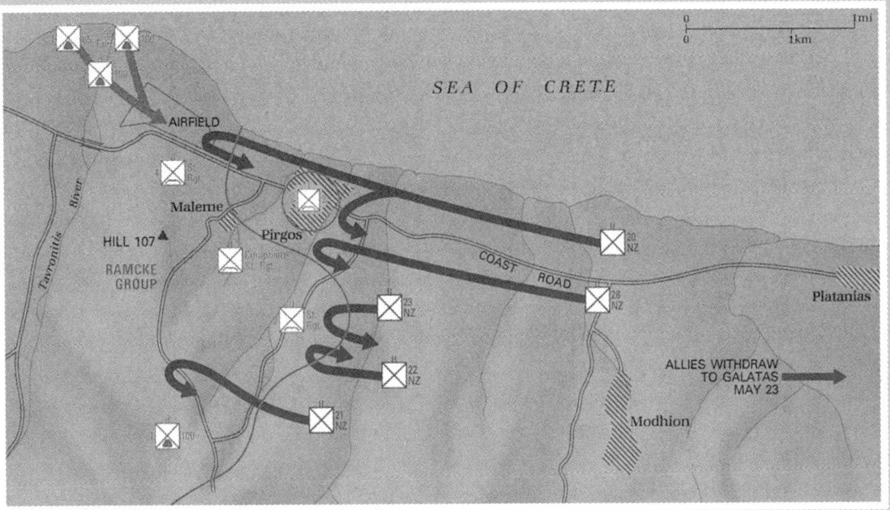


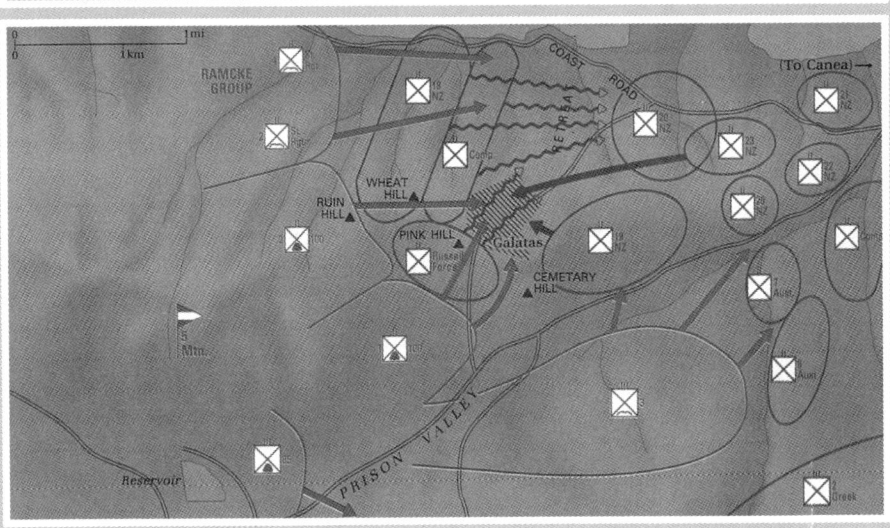


5月21日中午，第100山地团一个营的到来，巩固了伞兵在马莱迈的立足点（上图）。当天晚上，德军向新西兰军发起反攻，试图夺回107号高地和机场。第二天，另外3支山地军着陆了。当防御军撤退到加拉塔斯，拉姆克上校把剩下的伞兵组成一队沿着海岸向东进发。他们右侧的山地师穿过高低不平的内陆追赶后撤的盟军。底下这幅图显示了德军的进攻情况。5月25日下午，他们击败了在加拉塔斯的守军，盟军企图守住这座岛屿的最后一线希望破灭了。

两支队伍扼制住了敌人的火力，阻止了皇家空军使用机场。”事实上，雅典总部命令伞兵尽量抵抗坚持到马莱迈之战胜利后，那支军队就可以向东突围了。

5 月 22 日的早些时候，在马莱迈，拉姆克上校和他的士兵们惊愕地望着探照灯发出的蓝白光柱和燃烧着的船只放出的明黄色的信号弹照亮了海平线。他们马上明白了远处的灯光代表着什么——地中海轻帆船舰队被炸毁。第二天，不会有增援，除非是从空中进行。现在是英军集中火力围击的时候了。

进攻完全如盟军指挥官弗瑞伯格将军所料想的那样。自从他得知第 107 高地和机场丢失后，他就知道一场强大的围攻战是至关重要的。他把任务布置给了新西兰师普提克旅长。普提克又把命令传达给第 5 新西兰旅哈格斯特旅长。哈格斯特派遣了他 5 支队伍中的 2 支去展开这次突袭。这 3 名指挥官都为还没有发生的事情担心。弗瑞伯格害怕会有更多的伞兵着陆，而且虽然伞兵护航舰被击败已成事实，但他仍觉得敌人会从海上发起进攻，因此他时刻注意着可能会从各方发起的攻击并感到必须要妥善调遣自己的兵力。

普提克也有着同样的心理。为了保住他的后方和海滩，他不愿意冒太多的危险去夺回机场。哈格斯特的防守态度更加消极，建议不许在白天德国纳粹空军的枪炮下进攻，尽管有证明显示部队离敌人越近越不会受到敌军飞机的伤害。哈格斯特用晚上的大部分时间调度军

5 月 21 日，在瑞特墨被俘的第 2 伞兵团的士兵中，一些人绑着绷带，沿街而坐。

队以确保海滩和他的总部不会受到海上登陆部队的威胁。他的围攻是滞后、迟疑而且软弱得可怜的。

还有两个小时天就要亮了，一支新西兰步兵团在 3

辆轻型坦克掩护下，终于向皮尔戈斯村开去，距村庄还有3英里远停下。从那儿开始，第2新西兰营带着命令单刀直入直逼机场，同时第28营转向左边攻打107号高地。

几乎就在同时，新西兰军闯入了伞兵的包围圈，他们埋伏在房屋、花园和路边的田地里。沿线爆发了激烈的枪战，双方都伤亡惨重。德军略处下风，但当新西兰军遭遇到拉姆克的冲锋团主力后，对峙陷入了僵局。到了黎明，在皮尔戈斯展开了白刃战，新西兰军距机场和107号高地仍有1英里之遥。

这时，德国纳粹空军的飞机大量出现在空中，随意地扫射、轰炸。新西兰军的坦克不是被摧毁，就是被迫隐藏起来。德军飞机在树梢上飞来飞去，步兵团的士兵只能恐惧地蜷缩在那里。很快，飞机又开始运送山地部队，一支Ju52的庞大队伍降落在马莱迈。新西兰军的先头部队能够看到机场和山地军。一位军官这样回忆道："他们一跳出机舱就投入战斗。"

战争的浪潮把新西兰军一个连的残余力量推到了机场的边缘，在那儿，他们向源源不断降落、卸下人员和装备又起飞的Ju52开火。天已经大亮，连队指挥官报告说："我们面前的机场没有任何遮挡，我们完全暴露在迫击炮和机关枪的集中火力下。我把连队撤到100码以外的掩体中。"后来发现，此时的围攻处在巅峰时刻。永远神情专注的哈格斯特旅长不顾他手下的指挥官有关增援的请求，拒绝把全部军力投入战斗。到了中午，新西兰军不得不开始撤退。围剿失败了。

当天在马莱迈，第11航空军团的Ju52又运来了3支山地部队、一个战地医院、大量武器装备、大炮和弹药。这是一次混乱而极其危险的行动，因为机场还时常受到从东边来的火炮的袭击。大型的容克飞机成群结队地从天而降，在机场卷起了滚滚烟尘，淹没了运输机。步兵团的货物堆成了一堆，飞机又再一次起飞了。一名山地兵回忆说，当他和他的战友从飞机上探出身的时候："螺旋桨带起的风卷着黄土扑面而来。容克再一次启动了。一枚炮弹在很近的地方爆炸，爆炸发出的噼啪声、发动机的隆隆声、漫天烟尘和地面工作人员的叫喊声，使得我们头昏脑涨。"

士兵们跌跌撞撞进入附近的一个弹坑去取他们的战果。"我们的容克很难起飞，当下一架飞机正好落在浓浓的烟雾之中时，一阵炸裂的声音后是更多的烟尘，飞机坠毁了，机腹着陆。起落架弹跳着掉进了附近的水渠。"像以前一样，缴获来的履带式小装甲车把失事的飞机拖到一边，降落继续进行。在第11航空军团的报告中，对失败是这样描述的："在可接受的范围之内。"

那天的早些时候，斯图登特将军意识到他不惜一切把赌注下在马莱迈上是对的。他准备把总部移至克里特岛，在那儿进行指挥。英军的围攻失败，大批运输机安全降落，他的参谋长错误地报告说马莱迈的舰队最终取得了胜利，这些更增加了他的信心。

里希特霍芬和勒尔却对岛上令人困惑不解的局势感到越来越紧张。在他们看来，第 5 山地师极有见地的林格尔将军能够弄清到底发生了什么事情。他们认为斯图登特和他第 11 航空军团的全体参谋人员仍留在希腊是很关键的，以便监视人员的部署和物资的供给。经过一天的争执和向最高指挥部的呼吁，斯图登特被命令待在雅典。第 5 山地师的所有剩余力量，包括从第二轻帆船舰队返回的队伍和第 6 山地师的第 141 团被派往马莱迈。第 8 航空军团的日志上写着：“现在看来，具备了必要的精力，有了明朗的局势和果断的态度，一定能够出色地完成任务。”

勒尔将军传达林格尔的命令，要保证机场的安全，

在马莱迈机场，德国山地军从飞机上下来，做好战斗准备。这 3 个山地营在 5 月 22 日飞来增援 107 高地（图片背景中的部分）。

拉姆克上校一手拿着地图，一边打着手势向战斗中遭重创后幸存的冲锋团军官们简要地布置任务。

排除苏达海湾的障碍，解救监狱山谷的伞兵，开进瑞特墨和伊拉克利翁，紧接着扫荡整个克里特岛。勒尔意味深长地倾身向前说："众仆之仆，林格尔！再见了。祝你成功！"林格尔和他的全体参谋人员乘 5 架 Ju52 于当天晚上 5 时起飞，还有 5 架 Me109 护航。林格尔的到来引起了马莱迈一阵骚动，因为机场本身还在敌人的火力之下，他们采取的是机腹降落的方式，但人员都安全地到达了地面。到了晚上，将军已经掌控局势，重新调整了进攻的队伍。

拉姆克上校坐在摩托车后座上在队伍中风驰电掣般地穿行。林格尔命令他把在马莱迈的所有幸存伞兵组织成一个战斗小组，浩浩荡荡地沿着海边公路向东进发。

在拉姆克的右方，伍兹上校和第 100 山地团的两个营沿东南一侧行进。第 85 团第 3 山地营在克拉科的带领下，将迅速向南包抄敌人的火炮阵地，再把工兵营从西部和南部调来保护机场周边地区，这样林格尔就准备停当了。他做好了 5 月 23 日黎明开往加拉塔斯、干尼亚和苏达海湾的准备。

面对林格尔，新西兰军感到莫名其妙。看着马莱迈上空大量的飞机飞过，第 5 旅的哈格斯特还自欺欺人地认为他心不在焉的围攻已取得了胜利，德国人正在通过空中撤退。当他了解了真相后，仍对局势表示乐观的态度。“地面上的军官坚信敌人正在为进攻做准备，”他告诉弗瑞伯格将军，“我不这样认为，当然他们观察得更仔细。”他在另一份报告中对监狱山谷中的德军行动做了更详细的描述。哈格斯特虽然在前线没有什么作为，却请求弗瑞伯格保护他的后方。而弗瑞伯格想继上次失败以后重新从机场发起进攻，这一次不是两个营，而是两个旅。但这一决定在他听到从身后东边方向传来的枪声后便告终了。哈格斯特的报告中有一部分是完全正确的，监狱山谷中的德军正在前进。

前几次的失败并没有阻止海德里希第 3 伞兵团前进的脚步，在山谷中他所处的形势让他感到无法忍受。他的士兵又饿又乏，士气越来越低。海德里希觉得必须做点儿什么来改善这种局面。5 月 21 日的晚些时候，他命令第 2 营剩余部队跟着德帕少校向加拉塔斯附近的高地发起新的进攻。当德帕对袭击表示出他的质疑时，海德里希大发雷霆，并称他是懦夫。德帕听了十分恼火，没有人可以这样称呼一位德国伞兵少校。第二天，他便带着他的士兵出发了。

德帕的营好不容易在高地上开辟了一块立足点，紧接着就卷入了一场激烈的枪战，100 名希腊人和克里特当地的村民在一名英国军官的带领下从加拉塔斯方向冲了过来，一边叫嚷着一边射击。听着震耳欲聋的冲杀声，看着眼前这一切，疲惫的德军失去了信心，他们只得从费了九牛二虎之力才夺得的一块阵地上撤退。德帕少校被人用担架从山上抬了下来，很快因伤势过重而死去。

海德里希的第二次进攻只是试探性的，但却得到了意想不到的效果。当海尔曼少校的战友还在加拉塔斯公路上时，他和 141 名士兵以及 9 位军官正向西挺进，准备快速切断沿海道路。海尔曼小心地向前移动，5 月 23 日太阳升起的时候，他们还有 1 英里的路程。那时他们所能做的就是以饱满的精力投入到与盟军的小规模战斗中，但连续不断的机关枪声和夸大的战争报告都使得盟军指挥层为之一惊。

弗瑞伯格本打算对马莱迈机场发起全面进攻，但他的后方遭到了袭击，他只得停下来与下属商量对策。普提克旅长因为担心被截断退路，建议马上撤退。第 5 旅的哈格斯特也说他的士兵疲劳过度，已经不能应付任

## 橄榄树丛中的暴行

在克里特岛上的诸多不愉快的经历中，好战的克里特当地居民给德军带来的麻烦最多。入侵者遇到的不是顺从的百姓，而是倔强而无畏的仇敌，随时准备拿起手边的武器——狩猎用的来复枪、久不使用的手枪、斧子、干草叉、剪刀，甚至是石块保卫他们几百年的家园。

男人、女人和孩子向敌人发起猛攻，他们不乞求宽恕，也绝不留情。“打起仗来，老人像青年人，小男孩又像小伙子一般，”一位德国军官这样说，“他们没有权利与我们作战，他们只是当地的平民。”

对于前进中的伞兵来说，危险随处可见，可能在乡村小路上，可能在树后。落在克里特人手中的下场只能是被处死。德军发现许多战士的尸体，不是喉咙被切开，眼睛被挖出，胸口被撕破，就是鼻子、耳朵和生殖器被割了下来。德军大怒，以他们特有的残忍手法进行报复。纳粹德国空军散发传单，上面的恐怖消息很快传遍了整个欧洲：每个被杀的德军士兵要由10名克里特人为他偿命。

德军拘押人质、烧毁农场、炸毁了一整座农场（上方，靠右）。这使得克里特人战斗得更加英勇了，他们中的许多人逃进山里，坚持抵抗到1945年最后一批德军弃岛而去。

一名德国兵（左）正在看一则新立起的告示，告示用德文和希腊文宣称坎达诺斯已被攻陷。“这是他们野蛮屠杀伞兵排的下场。工兵排中半数的人被武装的民众杀死。”

在静静的橄榄林中，伞兵瞄准克里特岛的居民。为了镇压所有的反抗，德国人逮捕了年龄在18～55岁的男性，并把他们当中的大部分处死，作为其攻击德军的报复。

克里特居民（下图）倒在了德国兵的枪下。当年下令发动这场大屠杀的斯图登特将军以战争罪被押上了英国军事法庭，并被判处5年监禁。判决随后被推翻，因为战时的报复行为被认为是正当的。

何进攻了，这一声音促使弗瑞伯格做出决定。为了避免失败，他同意从马莱迈撤退，以巩固他在加拉塔斯周围的军事力量。这一举动使得盟军能够加强阵地防守，为

战事终于对德军有利了。拉姆克上校的伞兵正在看守着被俘的新西兰士兵，他

们蜷缩在一座古老的石墙下。右边是新西兰兵的尸体。

预料中的德军进攻做好准备。但随后弗瑞伯格的参谋长却宣布："总的来说接受失去克里特岛这一事实。"

奇怪的是，在林格尔稳步朝东沿着海边公路进发和穿越内陆山丘的过程中没有受到阻拦。新西兰军本打算再一次发起进攻，这会儿却愤愤地向后退去。拉姆克建议继续追击已经受挫的防御者。在雅典，斯图登特下令立即解救被困在瑞特墨和伊拉克利翁的伞兵。而林格尔则坚持走每一步都要小心谨慎。这位将军最喜欢的一句座右铭就是："多流汗就能少流血。"他也是这样做的。

虽然在海岸线上行进是一件相对容易的事情，而山地军在南侧穿过这一干燥且怪石嶙峋的地带时却吃了不少苦头。"我的军队是爬过这片魔鬼在盛怒之下制造出来的土地的，"林格尔在后来写道，"每一个人都背着沉重的装备，喘着粗气，汗流浃背。"希腊和克里特非正规军不断向他们发起攻击。

当拉姆克的冲锋团中的第一支分队从皮尔戈斯出发开往第3营被杀戳的地方，德军的情绪在不断高涨。格里克上尉是一个冷酷无情的军人，他的军队参加了激战，他所看到的一切完全出乎他的意料。"在橄榄树的树杈间能看到白色的降落伞和一团团纠缠在一起的绳子，"他写道，"伞兵的尸体悬挂在树杈上，随着微风轻轻地摆动。那些挣脱了降落伞的士兵还没走几步路就被击中或被克里特岛的志愿兵杀死。他们军服的口袋被

5 月 26 日，获胜的德军部队开入加拉塔斯，经过一辆被废弃的坦克和一具盟军尸体。这辆轻型坦克是前一天晚上新西兰军用来抵御进攻的两辆中的一辆。

撕开，装备散落了一地——手榴弹、钢盔、武器、插在沙地里的刺刀、弹药箱、几包绷带、装着难闻的水的水壶、明信片、照片。随处可见躺在那里死去的英国兵或新西兰兵。他们被炙热的火焰烧成黑色，难以辨认。硕大的蓝色苍蝇在他们周围嗡嗡地飞舞。”

格里克和他的士兵坚定不移地向前推进。经过了 5 月 23 日一天较轻松的行程，林格尔命令沿海公路上的队伍暂停行进，而内陆的部队继续他们从侧面的移动。当天晚些时候，第 100 山地团的几支小分队与监狱山谷中海德里希的第 3 伞兵团的残余部队建立了联系。伍兹上校跨入摩托车的边斗，开往山谷西侧曼德海拉的一个

精疲力竭的山地部队在经过夺取加拉塔斯的苦战以后，停下来护理伤员。凶猛的盟军发动反击把他们撵出了城镇。德军只得度过了又饿又渴的寒夜。

小村庄去会见海德里希和他又饥又饿、眼窝深陷的士兵们。海德里希为了轻松气氛，递给伍兹一支香烟。然后，用沙哑的声音说："太好了，你终于来了。"

林格尔严格地按照计划行事，他在 5 月 24 日继续慢慢地移动，花时间从马莱迈调来大炮、重型武器和更多的援助。在沿海的公路上，拉姆克的军队与海尔曼伞兵分遣队会合，他们互相拥抱，拍着后背。在拉姆克的右侧，第 100 山地团缓缓进入了加拉塔斯南部和西部的小山中，与盟军主要防御力量相对。尽管饱尝艰难，或者说正是因为如此——海德里希疲惫不堪的伞兵部队决定留下来备战。他们从监狱谷右侧的阵地镇定自若地向东北的海岸线开去。林格尔在阿里卡诺的对面部署了第85山地团的两个营，随时准备袭击敌人的后方，阻截他们的飞机。

到5月24日晚，林格尔才对他小规模的军队的部署感到满意。此时，军队的总人数是4000多名士兵，其中有一半是精力充沛、全副武装的山地兵。在他们后面，又一支军团着陆了，正朝着他们的方向靠拢，以便与他们并肩作战。士兵们备受鼓舞，不仅是因为眼前的一切，也因为柏林最终了解到了他们的存在。自从进攻一开始，国防军的官方公报就避免提到克里特岛上的登陆作战。这一明显的忽视使已经绝望的战士更加忧心忡忡。但5月24日晚，德国广播大肆渲染一条非同一般的消息：空运部队已经在克里特岛作战5天了，重要的阵地都被攻克，岛的西端已由德军控制。

进攻者放松了下来，就像第6山地师的战争日志中平铺直叙地写道："局势已明显在掌控之中，有关战事的消息从现在起可以向外公布了。"眨眼之间，即使是在瑞特墨和伊拉克利翁处于最艰苦的环境中的士兵也恢复了斗志，他们竟要被包围者投降。

事实上，盟军又陷入了危险的境地，德军完全包围了他们的左翼。防御者曾一度占有兵力上的优势，但加拉塔斯一线只有1800人，而德军的进攻马上就要到了。盟军现在有1600名后备军，1065名澳大利亚士兵驻扎在监狱山谷去往干尼亚的公路一线，另一支2000

人的充满斗志的部队正准备独自防御干尼亚。

防御者们缺乏食物和弹药——更糟糕的是，他们的信心也消失殆尽。德国纳粹空军一点点地把他们的信心取走了。从来没有如此庞大而密集的战斗机在完全暴露又毫无抵抗能力的敌人头顶上随意行动。在敦刻尔克，被击败的陆军师发现解救他们的不仅有皇家海军，还有皇家空军在上空掩护。在克里特岛战役中，德国纳粹空军没有受到任何抵抗。进攻之前几个星期不间断的空袭，无论是在心理还是身体上都给士兵们带来巨大的损害。因为德军从早到晚地轰炸和低空扫射，盟军在白天不能有任何行动，所有的补给都得在夜间完成。躲在地下或墙后掩体的士兵们，被不断的噪音和剧烈震荡弄得几乎崩溃，许多人都无精打采。即使是以英勇著称的哈格斯特旅长也承认克里特岛的空袭给他带来一阵阵的“恐惧感”。

5 月 25 日上午，斯图登特将军飞抵马莱迈，又马上驱车向东视察他钟爱的伞兵部队，这支部队中大部分士兵的名字他都叫得出来，他对那么多的人失去生命感到非常震惊。接着，斯图登特又回到了第 5 山地师的总部，指挥最后一战。斯图登特的到来令林格尔感到窘迫。他为这次决战做了细致详尽的准备，他希望斯图登特来时，一切能够进行得很顺利。经过一天时断时续的炮轰和空中投弹，当德国步兵团从掩体中爬出来，向前冲锋的时候，是将近下午 5 点了。就在那时，致命的斯图卡式俯冲轰炸机出现在头顶。

被围困的盟军发起了猛烈的反击。“新西兰兵就像泡了矿泉浴一样，”一名德国士兵回忆道，“我们刚一露头，疯狂的炮火就以排山倒海之势向我们袭来。”但是进攻之势还是不可抵挡的。拉姆克的军队在海岸公路上向东进逼了 1 英里就停住了，因为他们接到不要把其他部队甩得太远的命令。

在他们的南面，伍兹的第 2 营在舒尔瑞少校的带领下，风驰电掣般地冲下鲁因山的山坡又冲上麦子山。在那儿，他们可以俯瞰加拉塔斯的心脏。伍兹的第 1 营由弗兰克指挥，爬上品克山和塞门特瑞山，战斗的第一天，海德里希曾在那里被击退。此时德军的火力压过了他们的对手，天一黑，这两个营就向加拉塔斯进发了。

战斗才刚刚打响，就在山地军沿着狭窄的街道向城镇中心进发时，他们和由两辆坦克引导的新西兰军发生了正面冲突。一声叫喊“坦克”过后，德军的炮火齐发。“一辆坦克在开出不到 20 米时，就全身冒火，”一位德军中士这样写道，“我们变得又聋又瞎，步枪手盲目扫射，我们一个手榴弹接着一个手榴弹地往外抛。最后，一辆坦克的履带被打断，但它还在不停地扫射。”

在附近房子的阳台上，两名机关枪手向敌人的装甲部队频频发起袭击。“一名战友跑下楼梯把一枚球形炸弹放到坦克的坐舱下面，”一个山地兵这样写道，“我们沿着街走，突然迎面走来几名挎着刺刀的异族人。我们的中尉以迅雷不及掩耳之势举起他的手提机关枪，向进攻者发射了一弹夹的子弹。”那名中尉很快就被杀死了。战斗进入了一片混乱。穿过枪林弹雨，在一片厮杀声中，一群人在黑暗的小巷碰面了。在城镇广场上的教堂附近的战斗更加激烈，一群德国兵在看不到敌人的情况下，只好向对方枪口闪出的火花连续射击。

战斗一直进行到深夜，直到新西兰军发动大规模的进攻，才把山地军从加拉塔斯赶了出去。德军沿着散布着尸体的山坡向后退去。这些尸体是最初进攻时留下的。伍兹上校在品克山把他们重新集合起来，这场战斗逐渐变成一场胡乱的射击。

第100山地团的士兵蹲伏在干尼亚外围的矮墙边，小心翼翼地前进。盟军的主力部队已经撤退，但一支强大的后卫军仍驻守着这座具有战略意义的首府城市。

新西兰军官们明白，除非他们能够重新发起进攻，否则将不能赢得这场战争的胜利。但实际情况却不是这样的。他们正在商谈的过程中，一位参谋长从总部赶来反对任何的前进行动。师一级的指挥官——普提克旅长，要么不知道，要么就是没有看清重新夺得加拉塔斯后给他们带来的好处。“长达 2000 小时的猛烈进攻显然击溃了我们的防线，”他向弗瑞伯格将军报告说，“敌人已经进入加拉塔斯。到目前为止，我实在不能确定我是否能够坚持到明天。”

弗瑞伯格告诉他要不惜一切代价守住干尼亚前的新防线。与此同时，他开始准备从岛的南岸海上撤离。他深信克里特岛必失无疑，现在的问题就是如何挽救他的队伍。

接下来的几个小时里一片混乱，弗瑞伯格转移了他的总部，对指挥系统总是犹豫不决，思索着对于下一步的行动如何获得中东指挥部的批准。普提克把大失所望的士兵从加拉塔斯撤了回来，调到了干尼亚东面的第二道防线，在苏达村前摆开了一个更加复杂的阵势。新的防线从苏达海湾开始，沿海岸线公路向西延伸 1 英里。普提克只留下了 1200 名士兵的后备军抵御干尼亚的敌人。

“我指挥下的军队的耐力已经达到了极限，”弗瑞伯格在早上 8 点钟向在开罗的中东司令部报告说，“我们目前的处境令人失望，完全撤走这支部队的困难

# 盟军撤退的狭窄通路

5月27日，拉姆克上校的军队和第100山地团在夺取了加拉塔斯后在向在干尼亚进发的途中，赶上了掩护盟军的后卫军。这支军队有1200名士兵。伞兵和山地军超过了这支好斗的后卫军的同时，第3伞兵团迅速进入干尼亚。这时，负责堵截英军南撤的第141和85山地团不断受到克里特人和希腊正规军的阻挠，141团被击退了，盟军得以避开德军。

6月1日战事一结束，德军就用大部分兵力解救困在瑞特墨和伊拉克利翁的伞兵。任务交给了魏德曼中校。他迅速组织快速突击部队沿着海岸公路出发了。盟军在与中校的先头部队发生小规模冲突后，翻越白山来到南海岸的一座名叫斯法奇亚的渔村，皇家海军等候在那儿帮助大部分盟军撤离。驱逐舰还挽救了在伊拉克利翁的守备部队，但在瑞特墨的军队却不得不放弃，让他们落到德军的手中。

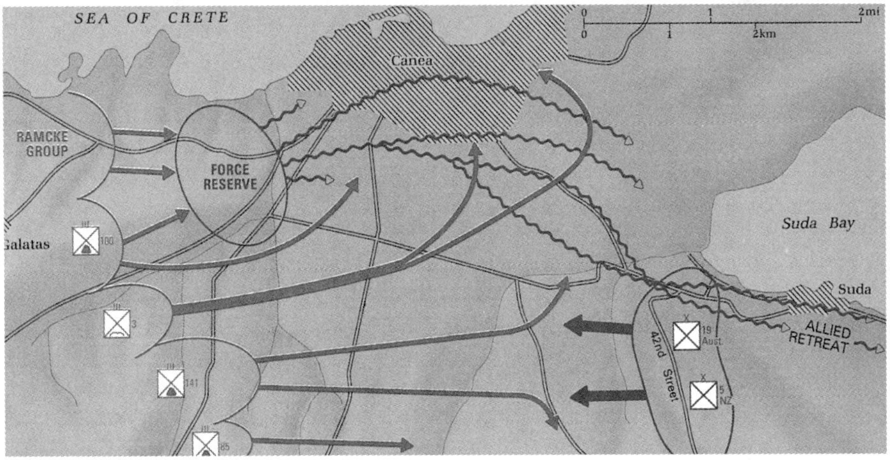

在瑞特墨受阻10天的伞兵被解救出来后，欢迎他们的总指挥斯图登特将军。在大约1500人的进攻队伍中，伤亡和被俘的就有200人左右。

巨大。”他说：“如果马上下达撤离命令，或许还能保住部分力量。”他的报告没有得到及时的答复。

新西兰军撤退以后，加拉塔斯的黑夜变得死一般的寂静，偶尔传来伤兵的呻吟声和叹息声。一个克里特小女孩，只有12岁的模样，从瓦砾堆中爬了出来，爬到扭曲地躺在街道上的人身边。她用毯子或布块把他们盖上，当她发现有人还活着，便取些甜羊奶回来，然后又消失在废墟之中了。

第一批德国巡逻队于5月26日清晨到达加拉塔斯，惊奇地发现这座城镇已经完全空了。敌人没有留下任何痕迹，除了伤员、没被掩埋的尸体和丢弃的装备。巡逻队向东追踪新西兰军，却没有赶上。林格尔有意调增援部队去他的右翼，这样他可以带领先头部队绕道向北截断敌人的退路，阻止其主力部队。

当林格尔加强他的右翼力量，准备发动总攻击的同时，他命令德国纳粹空军猛烈袭击盟军的阵地直到下午4点。但他的计划并没有按照预期执行。德国纳粹空军的飞行员飞得太靠南了，当克拉科夫上校的第85团经过50英里的艰苦跋涉，从山地中出现便遭到了德国纳粹空军飞行员的袭击。林格尔朝领头的飞机大声喊叫，但事已成定局。一片混乱过后，只有部分队伍向前推移。好斗的海德里希带领着在监狱山谷中被困了很久的第3伞兵团与第6山地师的第141团一起，顺利地到达了干尼亚平原的边上。

每一个去克里特岛的伞兵都带了一把弹簧刀。轻轻一抖，刀身便从刀把中滑出。中士的刀柄上用德语刻着他所战斗过的地方——勒塞门或瑞特墨。

“非常镇定自若。”海德里希第1营的指挥官海德特这样报告说。但海德里希却下令不要进入干尼亚，而他的军团和第141团继续向东包抄，穿透英军后撤的防线，越过苏达来到阿克罗蒂里半岛。拉姆克的近海部队和伍兹的第100山地团将攻占干尼亚。与此相配合，海德特的部队在晚上宿营，他抱怨说：“其他人去收获胜利的果实了，而我和我的军团却在打扫战场。”

情报显示，第二天一早还有更艰巨的收尾工作要做——不是伞兵部队，而是第141团留下的。第141团第1营由福斯特少校带领向东朝苏达开进，却一头闯入了苏达以西1英里处的敌人阵地。虽然大部分的盟军队伍都已向东撤退，但7个澳大利亚营和新西兰营构筑了一条2000码长的防线。德军刚一接近，盟军阵地就火力四起。一队澳新士兵叫喊着，端着刺刀冲了上来，福斯特的士兵死伤300名，其他人则落荒而逃。像以前一样，盟军并没有保住胜利成果。他们又回到了最初的防线，只是为主力部队撤退赢得了一些时间。

在这段时间里，海德里希的第1营在海德特上尉的带领下来到阿克罗蒂里半岛的狭长地带，也就是从干尼亚到苏达的半路。在那儿，海德特驻足不前，不知道下一步怎么做。从西边传来的枪炮声很快使他确定向西面的半岛进发是一件很傻的事情。于是，他带领着队伍开进了干尼亚。攻占克里特首府的功劳已经非他莫属了。

“这是一次行军，而不是一场推进战。”海德特报告说。为了提示德国纳粹空军不要靠近，他的伞兵进入时擎着与地面平行的卐字旗。伞兵们来到一座位于中心广场附近的医院，德军伤兵从门里涌出，高兴地欢呼。海德特在广场建立了他的指挥部。中尉很快带来了干尼亚的市长，与衣服破烂的德军上尉比起来，市长穿着优雅，他表示愿意交出城市以求“宽待”。年轻的伞兵军官郑重地表示要严格规范部队的行为，并举杯接受投降，祝“人类和平”。有人已经弄来酒倒在镀锡铁皮缸子里，痛饮一番。

5月27日早晨，拉姆克和伍兹的部队同拦在他们与干尼亚之间的后备军展开了激战。盟军坚决抵抗，但他们的火力在德军的机关枪下渐渐变弱了。1200 名后备军中只有 400 人冲破了德军的包围加入到苏达南面撤退的队伍中。下午 3 点，拉姆克的伞兵和伍兹的山地军进入干尼亚，发现海德特的军队正逍遥自在地在海里游着泳，住进了上好的海边花园别墅。海德特的副官在谈论此事时说：“干尼亚之战已经结束了，舒适的宿营生活开始了。”

消息传到雅典，德军指挥部里欢呼雀跃。“太棒了，林格尔！”陆军元帅李斯特通过无线电喊道，他是德军在东、南欧的总指挥，“感谢山地军，祝他们好运。”但这样的贺词似乎说得早了一些。干尼亚以东几英里外，盟军仍牢牢驻守着苏达的防线，使德军陷入了焦虑的停滞状态，为英军和民众的撤离创造了更多的时间。林格尔的诱敌深入计划失败了。

在干尼亚陷落之前的晚上，弗瑞伯格命令一名将军翻山越岭把部队撤到南海岸线上的斯法奇亚。尽管中东指挥部在接到他的请求后建议他向瑞特墨撤退，但他还是按照自己的意愿行事。紧接着他收到丘吉尔的一封电报，上面说：“克里特岛的胜利对战事来说是一个重要的转折点，继续尽最大的努力增援。”弗瑞伯格试图再一次介绍实际情况以引起上面的考虑。他语气生硬地回答说：“再增援是不可能的了。”到了下午，他已经实施的行动终于得到了认可。

盟军当晚的撤退毫无秩序可言。“总的来说，这就是一群毫无组织的乌合之众，”过后弗瑞伯格这样描述说，“我永远也不会忘记撤离的人群几乎完全失去控制，不会忘记那源源不断、步履艰难的人流。”他们知道唯一的救星在斯法奇亚，上千名灰心丧气的士兵“夹着尾巴”痛苦地向这座渔村挪去。

到了28日上午，林格尔还没有意识到盟军在逃跑，他认为他们是在沿海岸公路撤到瑞特墨去。林格尔没有按照惯例启用他的空中力量。5月26日，德国纳粹空军的大部分队伍被调离，为进攻苏联做准备。留下的空中侦察兵报告说东面没有英军的迹象，但林格尔对这一消息不屑一顾。

这位山地将军背负着巨大的压力。他的上级——斯图登特将军对被困在瑞特墨和伊拉克利翁长达一星期之久的伞兵极为关心。为了解救这两支军团，林格尔组织了两个飞行纵队，由他的炮兵指挥官魏德曼领导。这支救援队几乎包括克里特岛上所有的机动部队。他们5月28日早晨从沿海公路出发，魏德曼的队伍遭到了突击队和新西兰毛利人组成的后卫部队的袭击，他们用了6个小时的时间才把这支后卫部队击退。

一支纵队于5月30日早晨到达了瑞特墨镇，斯图登特本人也随后到达。盟军防御者缺乏一切补给，又没有接到有关撤离的命令，只得放下武器投降。在10天的战斗中，第2伞兵团遭受了巨大的损失：伤亡700人，500人被俘。救兵来到时，只有将近200名德军仍适合作战。

与此同时，在伊拉克利翁的战斗也有了结果。皇家海军驱逐舰在28日至29日晚撤走了4200名盟军卫戍部队成员，被困在那儿的德军大为震惊，同时也是一种解脱。第二天早晨，几驾被留下的斯图卡式俯冲轰炸机发现了船只，并炸毁两艘，又造成800人伤亡。

德军派去解救瑞特墨的伞兵对弗瑞伯格逃跑中的军队来说是一种解脱。只有克拉科夫上校的几支分散的巡逻队试图追踪盟军进入南部的山地，其他巡逻队则遭遇到意志极其坚定的希腊后卫部队。直到5月28日，山地军第2营的几支纵队才到达斯提勒斯，公路由此向南直到斯法奇亚。当被俘的敌军军官透露盟军主力已于一天前穿过斯提勒斯，林格尔才最终明白弗瑞伯格做了些什么。即使在那时，林格尔也没有表现出急迫的样子，他仍确信盟军无论如何不会从这座岛上逃走。他对自己派出第100山地团的两个营进行为时已晚的追击感到满意。

这时，撤退的先头部队已经到达了斯法奇亚，当天晚上4艘驱逐舰已撤走了第一批1100名士兵。因为险峻的地形，后卫部队的阻挠以及伍兹上校为避免流血而不愿直接袭击等原因，德军派出的追歼部队被耽搁了。谨慎的上校想采取从侧面进攻的方式，在他们行进的同时，皇家海军又从岛上运走了另外6000名士兵。5月30日，德国巡逻队沿着沟壑来到海滩上，但却被赶了

山地军移开沿海公路上的石头，以便快速营救可能困在伊拉克利翁的伞兵。当救援部队于5月30日

回来。伍兹和上级失去了无线电联系，他只得派一名传令兵花了 7 个小时回去请求斯图卡式俯冲轰炸机的空中支持。然后，他又进行了另一次的侧面行动。到了 5 月

赶到这座城市时发现伞兵已经控制了那儿的局势，而盟军守备军已于两天前撤走了。

的最后一天，左翼部队并没有到达能够俯视海滩的悬崖上，而且只有几架飞机出现在敌军的上方搅扰他们。

盟军用了两个晚上让另外 5000 名士兵上了救援的驱逐舰。最高指挥部是在 5 月 30 日撤出的。一艘快艇迅速地把弗瑞伯格接走了。但并不是每个人都逃脱了。5 月 31 日，当英海军司令决定停止撤离行动时，还有大约 5500 人滞留在海滩上。他觉得德国纳粹空军随时都会出现，并且认为他的船队承受不起这样的冒险。大约早晨 9 点钟，第一批德军降落在悬崖上，随即接受了一群战败者的投降。

对英军和它的盟军来说，克里特岛之战是他们的又一次惨败。希特勒确保了他南翼的安全，并为重创地中海东部赢得了宝贵的地势。这次战争损失了大约 16000 名岛上的防御者，其中将近 12000 人被俘。这是几年来皇家海军第一次被敌人逐出了自己的独占区。3 艘巡洋舰和 6 艘驱逐舰被击沉，另外 7 架战舰严重受损，大约 2000 名士兵阵亡。英国海军在地中海的威望一落千丈，在短期内恢复元气的希望也是微乎其微。全世界都关注大英帝国对这一巨大损失能够承受多久，无论是在精神上，还是在人员和装备上。

对于第三帝国而言，克里特岛的胜利只是一次皮洛士式的胜利。德国纳粹空军损失了 100 架战斗机，更大的破坏是 210 架运输机被毁或严重受损，它们是苏联

战场上急需的装备。地面部队有4000多人死亡，大部分人都是在第一天丧的命。战争结束之前，倍感自豪的第7伞兵师有近一半的人员伤亡，仅冲锋团就有830名士兵和45名军官死在战场上。一些很有前途的德国军官都阵亡了。克里特岛之战的代价如此惨痛，许多高级将领都认为这是国防军的第一惨败。

德国伞兵把死去的战友肩并肩地合葬在一起。一名老兵回忆说："我印象里的克里特岛就是个死人堆，到处散发着腐烂的恶臭。"

希特勒并没有给予伞兵部队更高的声望，这次进攻降低了他对伞降战术的信心。这位元首表示说："对整个事件感到极为不悦。"6月中旬，斯图登特和林格尔飞往希特勒在东普鲁士的总部，去接受因在克里特岛英勇作战而被授予的勋章。仪式过后，希特勒直截了当地对斯图登特说："克里特岛之战证明了伞兵时代已经结束了。伞兵的优势在于可攻其不备，而攻其不备的要素已不复存在了。"

斯图登特仍坚持己见，他不久又建议空袭塞浦路斯作为从空中进攻苏伊士运河的前奏，但是希特勒拒绝了他的这一想法，原因是克里特岛之战损失惨重。希特勒后来戏称要对具有重要战略意义的地中海的岛屿马耳他进行大规模的空中和海上进攻。1942年7月，斯图登特飞往柏林参加最后一次会议回来后大失所望。"当我去见元首时，"斯图登特写道，"他干脆利索地把我

国防军中参加克里特岛之战的成员都得到这样一条袖章。白色的布上用黄线绣着地中海的叶形装饰。战役的幸存者把它带在夹克或外衣制服的左袖口上。

的想法否定了，他说：‘这是不会成功的，而且会导致重大伤亡。’”

从那以后，第7伞兵师的降落伞再也没有在敌占区的上空绽开过。除了参加一些斯图登特厌恶的单独行动和打了就跑的突击行动，其他战事中，伞兵都像普通步兵一样作战。除增大了罗马尼亚油田的安全系数，对这座岛屿的进攻并没有给德军带来长久的战略意义。希特勒从来没有寻求过占领东地中海的机会，而克里特岛比一个葡萄园也大不了多少。林格尔在纪念死者的悼词中写道：“如果克里特岛之战只是一个开始而不是结束，那这一牺牲的意义就不那么重大了。”

布劳尔（左三）站在临时司令部前注视着德国纳粹空军轰炸伊拉克利翁的英军阵地。

## 被孤立在伊拉克利翁

当布劳尔上校跳伞降落到他的第1伞兵团被指派的着陆地带，也就是克里坦城以东的伊拉克利翁，他发现那里像5月20日克里特岛的其他地方一样，德军精心安排的进攻计划并没有得到预期的效果。

这座由中世纪的城墙包围着的城镇是岛上最大的城镇。附近的飞机场表明这是斯图登特将军进攻力量的重要目标。布劳尔想同时通过他团中的3个营和第2伞兵团的一个营由空中袭击，迅速消灭伊拉克利翁的守备军。但是由于时间耽搁和简陋的通信设备以及没有料到的顽强抵抗，使得进攻演变成一场大屠杀。许多士兵在落地前就被击中，活着落地的人也死于大炮和机关枪的交叉火力之中。布劳尔的第2营几乎被歼灭，已到达机场东面高地华特少校的第1营的一个排也被消灭。第3营试图攻入伊拉克利翁，英军和希腊军的反击部队很快把他们赶了出去。愤怒的克里特农民抄起火枪和屠刀杀了至少一个排的德军。

在战斗的第三天末，布劳尔的2000名士兵中有一多半被杀或被俘。分遣队被孤立在满是砾石的山上，伞兵发现他们被人数8倍于自己的部队包围。布劳尔借着夜色在机场以南1英里半的地方集合起剩下的兵力。德军在那儿挖战壕，下定决心争取胜利。

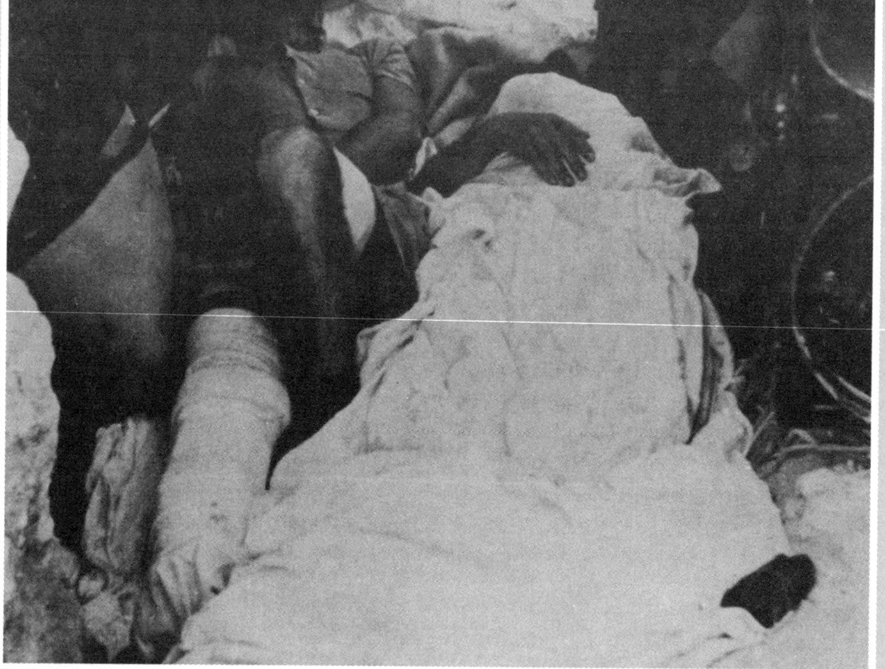

因为缺乏医药用品，在山洞中躲避的受伤德国伞兵只能用降落伞布当毯子和绷带。

## 忍受被困的煎熬

一星期之久的伊拉克利翁之战使得德国伞兵的体力和精力都消耗到了极限。食物和食用水的短缺使得他们的处境更加艰难。一天的配给减少到一片面包和两支香烟，污染的水源造成军中严重的腹泻现象。白天，一点点的移动都会引来敌人的火力袭击，被孤立的士兵随时都有被克里特敌后游击队抓住杀死的危险。

“紧张使得士兵备受压力。他们面无表情，几乎要放弃了。”一位伞兵回忆说，“他们眼窝深陷，已经5天没有刮胡子了，更显出两腮下陷。”只有到了晚上才能稍微放松一下，伤口开始复原，死去的士兵被掩埋，极少的口粮也发放了下来。

布劳尔用无线电向正在战斗的营队下达命令。因为天热，他脱去了外套。当连续猛攻失败后，通信员被派去送信。

布劳尔上校和他的军官在降落伞的阴凉下评估他们在伊拉克利翁的处境。

## 微弱的空中生命线

布劳尔的伞兵部队依靠孤注一掷的德国纳粹空军的支援才勉强坚持下来。为了能够接近被困的德军部队，运输机冒险低空飞行。即使这样，许多物品都没有投中目标，大为失望的士兵只能眼睁睁地看着补给霰弹箱被扔到敌人防线之后。许多英军希腊军中的士兵用空投的武器弹药武装自己，以便对付布劳尔的军队。

最后，德国空军的坚持终于有了回报。运输机卸下了几百名增援士兵和迫击炮，使得布劳尔的部队能够轰炸英军阵地。一名飞行员甚至驾着 Ju52 采取迫降的形式把一门野战炮和一组队员运到了一座高地上。

伞兵们牵着一头驮着弹药的驴向伊拉克利翁东面的前线走去。

一架Ju52掠过光秃的地面，把作为补给的霰弹箱投到丽贾门特山上的德军阵地附近。

德军机关枪手在炎炎烈日下注视着对伊拉克利翁东面的一块战略要地的轰炸，它被澳军的一个营占领着。

布劳尔上校（戴大壳帽者）坐在桥洞下与精疲力竭的伤员谈话。“我们中没有一个人会怀疑我们将最终取胜，”一个德国兵说，“我们比英军更坚强。”

## “没人能怀疑我们最终的胜利”

虽然不能歼灭数量上大大超过自己的盟军，但盟军的倦怠也鼓舞了他们的士气，布劳尔的伞兵不断用机关枪和迫击炮搅扰盟军。5月25日，德军满意地看到斯图卡式俯冲轰炸机将伊拉克利翁炸成一片瓦砾。在接下来的日子里，第2伞兵团的先头部队占领了一座能俯瞰敌人机场的重要高地。

德国军队坚定了决心。当英军提出投降的要求时，布劳尔的一个营的指挥官舒尔茨少校这样答复说：“德军曾接到占领克里特岛的命令，它会服从这一命令的。”

FL

第1伞兵团第3营指挥官舒尔茨上校，会晤由占领军陪同的伊拉克利翁市市长。

## 占领一座被抛弃的城市

受到保证增援的鼓舞，布劳尔上校5月28日晚下令第二天一早发动全面的进攻。当德军向前开进时发现伊拉克利翁和它的机场都已被遗弃，皇家海军的舰只借着夜色撤走了盟军部队。

当天的晚些时候，第5山地师奉命援救在布劳尔被围困的伞兵，到了后来才发现目标完全在伞兵的掌控之中。“这种感觉很奇怪，”一位幸存者记录道，“可以站直了身子走路，不用担心随时会有子弹飞过来。”

华特少校（左）、布劳尔上校（上右）和同事们在历经艰辛后，可以坐下来喘一口气了。

盟军撤退以后，德军伞兵开着缴获的英军装甲车沿着伊拉克利翁的街道向前驶去。

**图书在版编目 (CIP) 数据**

征服巴尔干 / 美国时代生活编辑部编；李莉，李含译. -- 修订本. -- 海口：海南出版社，2015.1（2022.8 重印）

（第三帝国）

书名原文：The third reich:Conquest of the Balkans

ISBN 978-7-5443-5812-5

Ⅰ. ①征… Ⅱ. ①美… ②李… ③李… Ⅲ. ①德意志第三帝国 – 史料 Ⅳ. ① K516.44

中国版本图书馆 CIP 数据核字 (2014) 第 271294 号

**第三帝国：征服巴尔干**（修订本）

DISAN DIGUO：ZHENGFU BAERGAN（XIUDING BAN）

作　　者：美国时代生活编辑部
译　　者：李　莉　李　含
选题策划：李继勇
责任编辑：张　雪
责任印制：杨　程
印刷装订：北京兰星球彩色印刷有限公司
读者服务：唐雪飞
出版发行：海南出版社
总社地址：海口市金盘开发区建设三横路 2 号
邮　　编：570216
北京地址：北京市朝阳区黄厂路 3 号院 7 号楼 102 室
电　　话：0898-66812392　010-87336670
电子邮箱：hnbook@263.net
经　　销：全国新华书店经销
版　　次：2015 年 1 月第 1 版
印　　次：2022 年 8 月第 2 次印刷
开　　本：787mm×1092mm　1/16
印　　张：15.25
字　　数：180 千
书　　号：ISBN 978-7-5443-5812-5
定　　价：45.00 元